AF613324

FACULTÉ DE DROIT DE PARIS.

THÈSE

POUR LE DOCTORAT

PAR

ÉLIE DUFAURE,

Avocat à la Cour d'Appel.

PRÉSIDENT, M. OUDOT, Professeur.

SUFFRAGANTS : MM. BLONDEAU. PELLAT, DOYEN. } Professeurs. VUATRIN. DURANTON. } Suppléants.

(24 AOUT 1850, A DEUX HEURES.)

PARIS

IMPRIMERIE ET LITHOGRAPHIE DE MAULDE ET RENOU.

Rue Bailleul, 9-11, près du Louvre.

1850

FACULTÉ DE DROIT DE PARIS.

THÈSE

POUR LE DOCTORAT

PAR

ÉLIE DUFAURE,

Avocat à la Cour d'Appel.

PRÉSIDENT, M. OUDOT, Professeur.

SUFFRAGANTS : MM. BLONDEAU, PELLAT, DOYEN. — Professeurs.
VUATRIN, DURANTON. — Suppléants.

(24 AOUT 1850, A DEUX HEURES.)

PARIS

IMPRIMERIE ET LITHOGRAPHIE DE MAULDE ET RENOU.

Rue Bailleul, 9-11, près du Louvre.

1850

A mon Père et à ma Mère

A MES FRÈRES ET A MES SŒURS

« *Cum omnibus virtutibus me affectum*
« *esse cupiam, tamen nihil est, quod*
« *malim, quam me gratum esse et videri.* »

« Je suis désireux de posséder toutes
« les vertus, mais la reconnaissance est
« celle que je place au premier rang. »

CICERO, PRO CN. PLANTIO.

DES SERVITUDES.

INTRODUCTION.

Nous avons à exposer la Législation française sur les servitudes.

Avant de la faire connaître dans son histoire et dans son état actuel, nous voudrions pouvoir l'exposer au point de vue rationnel, politique, économique, en partant de cette idée émise sommairement par un éminent professeur de cette faculté, que le droit positif doit traduire dans ses dispositions le droit naturel, et qu'il ne sera parfait, que lorsqu'il aura une existence adéquate à celle de ce dernier (1). Idée profonde, qui pourrait servir de base à tout un système de rénovation sociale. Mais, montrer dans toute sa pureté ce type de la justice suprême, immuable, universelle; matérialiser, en articles, cet idéal d'un droit social, tendant plus complétement que celui de nos jours à la réalisation de l'égalité, au développement de la charité, au perfectionnement incessant des connaissances, est un travail au dessus de nos forces.

(1) Premiers essais de philosophie du droit et d'enseignement méthodique des lois françaises.

Tout ce que nous pouvons faire, c'est de prendre la législation sur les servitudes à son berceau, la suivre rapidement à travers les phases du droit romain et des dispositions diverses de ce dualisme qui le caractérise ; à travers les siècles de barbarie et d'anarchie politique, au temps de la féodalité que caractérisèrent la confusion de la souveraineté et de la propriété, le changement des lois et coutumes personnelles en lois et coutumes réelles ou territoriales, jusqu'à la nuit du 4 août où commença le règne de l'égalité pour toutes les parties du territoire, par l'abandon des priviléges des communes et des villes que firent leurs députés en leur nom, et celui de l'égalité civile entre les individus, par la renonciation des membres du clergé et de la noblesse à leurs priviléges ; enfin l'exposer dans ses dispositions de détail, telle qu'elle est depuis 1804, sauf les légères modifications apportées par des lois postérieures. C'est ce qui fera l'objet de trois titres que nous intitulerons :

Le 1er, du Droit ancien ou romain ;

Le 2e, du Droit intermédiaire ;

Le 3e, du Droit nouveau.

Nous n'adoptons pas les qualifications reçues, parce que la plupart des principes de notre droit actuel ne sont pas nés français, et que la période de 1789 à 1804, qu'on appelle communément période de droit intermédiaire, n'est à nos yeux qu'une époque de démolition, d'observation, d'essai et de reconstruction. Seulement, nous ne nous placerons pas au même point de vue dans l'exposé de ces trois titres, la loi du 30 ventôse an XII, par son article 7, nous le défend ; elle nous commande de traiter les deux premiers au point de vue de l'histoire, car la législation romaine, la législation coutumière et féodale sont mortes pour nous, et il n'y a que l'histoire pour les morts.

Dans le troisième, au contraire, nous nous placerons au point de vue pratique, dans le commentaire analytique que nous en ferons, pour suivre, autant que possible, telle disposition dans toute son étendue d'application ; telle opinion émise et tel système établi sur certains points controversés, dans leurs raisons d'être. Nous nous permettrons, même, quelquefois, mais avec la plus grande réserve, de relever quelques erreurs de théorie commises par notre législature, quoique l'utilité pratique des dispositions qui en seront l'objet, rachète grandement cette inexactitude qui tombe sous les rigueurs de la doctrine pure.

TITRE PREMIER.

DU DROIT ROMAIN.

(De servitutibus Prædiorum. Dig. lib. VIII.)

Prolegomena.

Servitutes sunt jura quædam prædiorum citrà communem conditionem imposita. Nulla potest esse servitus quæ nec alicujus personæ, nec alicujus prædii intersit. Sunt igitur servitutes personarum aut rerum : personarum, quæ earum gratia ; rerum vero, quæ fundi vel utilitatis augendæ, vel amœnitatis comparandæ causâ constituuntur. Ideo imprimis illæ personarum esse dicuntur quæ cum personâ finiuntur, ut putà ususfructus, usus et habitatio; necnon quia hominibus, propter se ipsos, non propter prædia quæ possident, debentur. Contraria ratione hæ rerum esse intelliguntur, de quibus breviter tractandi sumus.

§ I. Qualis est earum origo?

De servitutum quæ ad prædia spectant, maximè placet quod Ulpianus (1) docet, eos qui primi agros constituerunt, divisis et assignatis agris, certas leges dixisse, quibus prædia prædiis servirent, non jure servitutis, ut verè dicam, in rigore juris, quas idcircò fuisse dictas auctoritate publica, non privatâ pactione. Mutatâ deindè divisorum agrorum facie per varias successiones, et subdivisis agris privata conventione, necesse quoque visum est privatâ pactione novas quasdam agris conditiones imponere, quas ideo *impositas* Sextus Pedius (2) vocat ad discrimen earum quæ lege publica constitutæ sunt. Sed priùs videntur tantùm precariò concessæ hujus generis servitutes, ut colligere licet ex diversis pandectarum fragmentis, ubi videmus servitutes plerùmque rogari et concedi precibus petentium solitas (3). At obtinuit deindè, utilitate suadente, servitutes in perpetuum constituere, et certis legitimisque modis varias

(1) L. I, § 23, ff. de aqua et aq. pluv. arcend.

(2) L. 5, § 9, ff. de novi op. nunt.

(3) L. 12. ff. de relig. et sumpt. funer. — L. 32, ff. de servit. urb. pærd. L. 1, ff. de itinere actuque privato.

conditiones et leges agris dicere quibus jura agrorum augeant vel minuant.

§ II. Qualis est earum natura?

Jura prædiorum dicuntur atque inter res corporales, licet corporibus accedant, numerantur. Ità autem corporibus accedunt, ut non nisi corporibus imponi possint. Hinc servitus servitutis esse non potest. Cæterùm id quod, vetante hac regula, valere non potest jure servitutis, potest quis jure obligationis consequi.

Servitutum quoque ea est natura ut aliquid patiatur quis aut non faciat, non autem ut aliquid faciat, nisi in uno casu quem videbimus infrà. Servitus quæ in eo consistit ut aliquid quis patiatur, apud recentiores *affirmativa* vocatur, quæ autem in eo consistit ut quis aliquid non faciat, *negativa*.

Prædiorum servitutes jure civili introductæ sunt ut prædia prædiis utiliter servirent; ideò servitus ut rectè constituatur, utilis esse debet prædio; ità et in his servitutibus requiritur an superioris fundi causâ, vel utilitatem, vel amœnitatem acquirat, dùm in illis quæ personarum esse dicuntur, sufficit, si personæ alicujus in commodum vel utilitatem aliquid ab inferiori fundo detrahatur. Cæterùm sunt aliæ inter personales realesque servitutes differentiæ, ut puta: personales nonquàm non nisi in eo ut aliquid quis patiatur consistunt; tam in mobilibus quam in immobilibus poni possunt; non sunt omnes individuæ ut ususfructus qui potest acquiri vel amitti pro parte, quia consistit in perceptione fructuum qui divisionem accipiunt. Non in præsentem tantùm sed in futuram prædii dominantis utilitatem servitus rectè constituitur. Item nec utilitas prædii, quale nunc se habet, solò consideratur, sed et ea utilitas quæ quibusdam posteà contingentibus emergere possit.

Ut autem illa utilitas consistere possit, vicina debent esse prædia. Hæc tamen vicinitas strictiùs accipitur pro diversâ cujusque servitutis naturâ, ut diversis ex pandectarum exemplis apparet (1).

Adeò servitutes prædiis inhærent, ut rectè dicantur, modò qualitates ipsis impressæ, modò conditiones et habitus eorum ; hinc consequens est, si fundus serviens, vel is cui servitus debetur vendatur, constitutam servitutem durarè, sed per se in commercio esse non intelliguntur : nacentiæ mortisque solùm habent actum.

Denique ex substantiâ servitutum prædialium est, ut sint individuæ ; hinc pro parte neque constitui nec amitti possunt, et ideo si stipulator decesserit, pluribus hæredibus relictis, singuli solidum jus petent, et si promissor decesserit, a singulis hæredibus solida petitio erit. Dùm non possit pro parte constitui servitus, sequitur ut parti indivisæ fundi acquiri aut imponi nequeat, quia silicet in partes servitus non scinditur. Parti autem divisæ, servitus aut rectè constituitur aut imponitur quia non est pars fundi, sed potiùs fundus, et ità de parte divisa intelligendum est quod ait Paulus, L. 6. ff. de servitutibus, « ad certam partem fundi servitutem tam remitti quam constitui posse » licet autem ab initio per partes servitus acquiri non posset, per par-

(1) Chrestomathie, p. 409, note 1.

tes tamen retinetur, et ita intelligenda L. 8, § 1. ff. de servitutibus.

§ III. Quales earum principales sunt species?

Servitutes prædiorum aliæ in solo, aliæ in superficie consistunt (1). Unde oritur in jure romano magna servitutum divisio, scilicet : servitutum prædiorum urbanorum et servitutum prædiorum rusticorum.

I. In earum servitutum numero quæ ad urbana spectant prædia, hæc imprimis sunt : *Oneris ferendi, tigni immittendi ;* et prioris quidem illius hæc est vis : ut putà si vicinarum ædium onera ferat vicini paries vel columna, tùm vero is cujus ædes serviunt, reficere eas necesse habeat ea tenùs ut oneri ferendo aptæ sint. Quod quidem reficiendi officium hoc habet singulare quòd servientis fundi dominus contra servitutum naturam, non pati tantùm teneatur, sed et facere, id est parietem oneri ferendo idoneum præstare. Ait enim Paulus : eum debere columnam restituere quæ onus vicinarum ædium ferebat, cujus essent ædes quæ servirent, non eum qui imponere vellet, nàm cum in lege ædium ita scriptum esset : *paries oneri ferendo ita nunc est, ita sit;* satis apertè significari in perpetuum parietem esse debere (2). Secundùm tamen Labeonis sententiam, non homo sed res debet hanc servitutem, et licet domino parietem vel columnam derelinquere (3). 2° *Altius tol-*

(1) L. 3. de servit.

(2) L. 33. de servit. præd. urb.

(3) L. 6. § 2. ff. si servit. vend.

tendi vel non tollendi. Quandò valent? verisimilior ratio hæc est : in quibus municipiis peculiariter cavetur ne quis, invito vicino, suas ædes extollat suprà statutam altitudinem, si quis huic communi juri, consentiente vicino derogat, servitutem altiùs tollendi constituit ; si quidem è contrario vicinus pati cogatur ut infrà statutam altitudinem ædes suas teneat, tunc altiùs non tollendi servitus constituitur. 3° *Stillicidii seu fluminis avertendi.* Ea servitus est quâ quis aquam ex ædificio vicini in suam aream pati compellitur contra jus commune civitatum ubi statuta jubent unumquemque in suo proprio fundo stillicidia seu flumina recipere. Contrà, *stillicidii seu fluminis non avertendi*, servitus ea est quâ quis pati non compellitur vicini stillicidia seu flumina accipere cùm jus civitatis contrà dicit (1). 4° *Non officiendi luminibus et ne prospectui officiatur.* Servitus ne luminibus officiatur affinis est servituti altiùs non tollendi : nam qui obtinuit ne vicinus altius tollat, maxime adepti videtur ne jus sit vicino, eo invito, altius ædificare atque ita minuere lumina nostrorum ædificiorum (2). Sed hæc magis patet servitus, quàm servitus altiùs non tollendi. Nàm qui hanc servitutem debet, non solum si altius ædificet, sed si arborem ponat ut lumini officiat, æquè dicendum erit contra impositam servitutem eum facere ; nàm et arbor efficit quominùs cœlum videri possit (3). Servitus autem ne prospectui officiatur, subtili

(1) Gaius. — Inst. II. 17. 29. — Ulp. frag. Rag. XIX. I.
(2) L. 4.
(3) L. 17.

ratione differt à servitute ne luminibus officiatur, quod in prospectu quis etiam habeat ne quid ei officiatur ad gratiorem prospectum et liberum, ut montes et flumina videre possit. In servitute autem *ne luminibus officiatur* id tantum competit ne lumina obscuriora fiunt (1).

Hoc numero adjici possunt servitutes *luminum seu luminis, excipiendi* atque *projiciendi protegendive.*

II.—Servitutes rusticorum prædiorum sunt *hæc : iter, actus, via, aquæductus. Iter* est jus eundi, ambulandi hominis, pedibus vel equis, aut etiam lecticâ vehi, non etiam jumentum agendi. *Actus* est jus agendi vel jumentum vel vehiculum. *Via* est jus eundi, et agendi et ambulandi, nam et iter et actum in se via continet, ut ait Ulpianus. *Aquæductus* est jus aquam ducendi per fundum alienum. In rusticis quoque computanda sunt *quæ haustus, pecoris ad aquam adpulsus, jus pascendi, calcis coquendæ, arenæ, fodiendæ,* et alia multa istis similia de quibus nihil a nobis discendum est.

§ IV. De constitutione et acquisitione.

Videamus nunc qui postest servitutes prædiales imponere et à quo constitui potest ; quibus modis tum jure civili, tum pretorio, tum demùm Justinianeo jure constitutio fit.

Servitutem prædio imponere solus potest dominus pariterque soli domino prædii constitui potest. Igitur cum plures sunt domini non nisi ab omnibus imponi

(1) L. 15.

omnibusque constitui servitus potest. Undè unus ex dominis communium ædium servitutem imponere non potest (1), et pariter uni ex dominis servitus constitui nequit.

Pluribus modis ex Digestorum legibus constitui possunt servitutes, at primùm dispiciamus de jure civili et pretorio. Civiles modi secundarii domina rerum acquirendi sunt : *Mancipatio*, *in Jure cessio*, *usucapio*, *adjudicatio*, *lex* et *testamentum*. Quomodo sint idonei servitutibus constituendis? Servitutes prædiorum rusticorum , utpote *res mancipi*, mancipationem recipiunt; urbanorum vero prædiorum, utpote *res nec mancipi* mancipationem non recipiebant.

Jura prædiorum omnia in *jure cedi* possunt (2). Sed *hæc* silicet in italicis prædiis ita sunt, quia et ipsa prædia mancipationem aut in jure cessionem recipiunt. Provincialia, vero, non. Quomodo igitur qui in provinciali solo jura prædiorum constituere velit id efficere potest? Respondit Gaius, *pactis* et *stipulationibus*. De hoc modo tamen constitutionis diversæ sunt sententiæ. Alii arbitrati sunt jura prædiorum in provinciali solo vere constitui posse, quæ actione in re confessoria vindicari possint, haud secùs ac in italico solo ; alii vero, contra, quia id non congruit cum vi pactionum et stipulationum statuque soli provinciarum quod privatorum, dominium non recipit, et hæc sententia nobis vera paret.

Per adjudicationem rectè servitus imponitur in judi-

(1) L. 2. de servit.

(2) Gaius. — Inst. 2. § 29. 30. 31

cio silicet legitimo familiæ erciscundæ aut communi dividundo. Ex legato quoque procedebat servitus. Servitutibus *lex Scribonia* usucapionem sustulit, sed qui juridicendo præsunt, solebant tueri ductus aquæ quorum origo memoriam excesserat, tamesti jus non probaretur.

In omnibus demùm servitutibus hoc benigniùs secutus est pretor ut, qui diù usus erat servitute neque vi, nec clam, nec precario habuisse longa consuetudine quasi jure impositam servitutem videretur, quam defendebat et firmabat utili actione et utilibus interdictis. Olim certo modo tempora quibus quemque usumfuisse oportebat ut ea utilis duretur actio, non præfinita, tantùm requirebatur longa juris possessio. Mox hæc intervalla temporum ab imperatoribus statuta fuerunt. Cæterum hisce longè possessionis præscriptionibus non necessarii esse videntur justus titulus neque bona fides. Nunquàm receptum est traditionem, quæ jure gentium est jura prædiorum quamvis urbanorum sint, constituere posse (1). Sed traditio et patientia servitutum inducebat officium pretoris (2). Cùm enim usus juris pro traditione possessionis acciperetur, præcipuè in urbanorum servitutibus, quippe quæ certam et continuam possessionem habent, utilis dabatur Publiciana actio (3).

Mancipatione, cessioneque in jure, inter legata et fi-

(1) Gaius. Inst. § 28.
(2) Ulp. L. I. § 2. de servit. prad. rust.
(3) Ulp. L. II. § 1. ff. de Publ. act.

deicommissa ferè toto discrimine sublatis, jure Justinianeo acquiruntur servitutes :

1° *Pactis traditionibus adjectis ;* itaquè si quis duas ædes habeat, et alteras tradat, potest legem traditioni dicere, ut vel istæ quæ non traduntur servæ sint his quæ traduntur, vel contrà, ut traditæ retentis ædibus serviant, et idem erit in fundis rusticis (1) ;

2° *Adjudicatione ;* nam familiæ erciscundæ judex cum adjudicat, potest imponere aliquam servitutem, ut alium alii servum faciat ex iis quos adjudicat ;

3° *Testamento ;* potest enim in testamento heredem suum quis damnare ne altiùs ædes suas tollat, ne luminibus vicinorum officiat, et vice versâ, potest quis testamento efficere ut suo prædio servitus debeatur ab illo quod legaverit, ut ait Pomponius, Proculi sententiam referens ;

4° *Pactis atque stipulationibus*, quod patet ex § 4 institutionum Justiniani de servitutibus ;

5° Tandem absque titulo *ex diuturno usu* acquiri possunt servitutes. Sed tùm distinguendum est inter urbanorum et rusticorum prædiorum servitutes. Illæ enim solæ continuum usum et ideò veram possessionem habent (2). Hoc itaque docet Paulus ; servitutes quæ in superficie consistunt possessione retinentur, nam si fortè ex ædibus meis in ædes tuas tignum immissum habuero, hoc ut immissum habeam per causam tigni possideó ha-

(1) L. 6. — Communia prod. — L. 35. de servit. prod. urb.
(2) L. 14. de servit.

bendi consuetudinem (1). Non autem inefficax est possessio in rusticorum prædiorum servitutibus, nam SCÆVOLA respondit : solere eos, qui juri dicundo præsunt, tueri ductus aquæ quibus auctoritatem vetustas daret, tametsi jus non probaretur (2). Idem, quoque scribit ULPIANUS : si quis diuturno usu et longâ quasi possessione jus aquæ ducendæ nactus sit, non est ei necesse docere de jure quo aqua constituta est, veluti ex legato vel alio modo, sed utilem habet actionem ut ostendat per annos forte tot usum esse, non vi, non clàm, non precariò possedisse (3). Possumus igitur affirmare servitutes per prescriptionem annorum decem inter præsentes, vigenti inter absentes acquiri sine bona fide justamque possessionis causam.

Modum adjici servitutibus posse constat (4). Item usus servitutum temporibus secerni potest (5).

§ V. QUIBUS MODIS SERVITUTES AMITTUNTUR?

Inter modos amittendarum servitutum, computantur : 1° *Consolidatio*, ut puta, si idem utriusque prædii Dominus esse cœperit (L. I. Quemad. servit.) et non reviviscunt quamvis postea desierit esse dominus, sine nova constitutione, ut ait PAULUS. 2° *Remissio*, et remissa videtur servitus, si domino prædii qui debebatur jus, con-

(1) L. 20. de servit. præd. urb.
(2) Digest. L. 26. de aq. et aq. plur. arc.
(3) Digest. L. 10. de servit. vend.
(4) L. 6. § 1.
(5) L. 5. § 1.

cedente, factum sit aliquid quo usus servitutis tollatur (1). 3° *Interritus alterutrius prædii*, quia sine prædiis non possunt esse servitutes, tamen, æquitatis causâ, si posteà in pristinum statum restituuntur fundi, stricto jure quamvis amissa sustinetur servitus (2). 4° Deniquè *non utendo* pereunt servitutes. Olim, si quis per biennium, qualibet urbani vel rustici prædii servitute usus non erat, jus amittebat. Id tamen, ut dicit Gaius, servitutibus prædiorum urbanorum peculiarè erat quod non omninò periebant non utendo, nisi fundi servientis libertatis dominus ususcaperit (3). A Justiniano constitutum est ut omnes servitutes non utendo amittantur, non biennio sed decennio contra præsentes et vigenti spatio annorum contrà absentes. Censemus solùm in ea re temporis spatium a Justiniano mutatum fuisse, servatis juris antiqui regulis quæ discrimen spectant inter servitutes prædiorum et rusticorum quoad libertatis usucapionem attinet.

§ VI. De actionibus quæ servitutibus competunt.

Duæ sunt in rem actiones quæ ad jura prædiorum specialiter attinent: *confessoria*, quæ competit ei qui servitutem aliquam in re alterius sibi deberi contendit; *Negatoria*, domino qui fundum suum servitutem debere negat. Confessoriæ actioni locus est, si servitus con-

(1) L. 8. quemad. servit. amitt.
(2) L. 20. § 2. de servit. præd.
(3) L. 6. de servit. præd. urb.

sistat in eo ut quid liceat in alieno facere, cum impedimentum affertur quominùs hoc fiat, etiamsi expressè non fiat servitutis controversia. Quod si servitus consistat in eo ne quid fiat in fundo alieno, competit confessoria, si hoc factum fuerit. *Negatoria* quæ quidem vera est vindicatio libertatis prædii, competit et ei qui in suo aliquid facere non jure prohibetur per causam servitutis, et ei cujus in fundo quis, citrà jus servitutis aliquid facit aut immittit.

TITRE DEUXIÈME.

DU DROIT INTERMÉDIAIRE.

Le droit romain pénétra dans les Gaules avec César. Il y fut suivi par les Francs eux-mêmes, sous les rois de la première et de la seconde race, mais avec les lois barbares et les capitulaires, que remplacèrent plus tard les ordonnances. Les désordres du xe siècle confondirent toutes ces lois, de sorte qu'au commencement de la troisième race de nos rois, il n'y avait d'autre droit en France qu'un usage incertain. Cet usage, mêlé par les savants au droit romain, lors de sa renaissance, forma notre droit coutumier qui ajouta à la législation romaine certains principes sur la matière que nous traitons.

On reconnaissait sous ce droit, trois sortes de servitudes. Les personnelles qui assujettissaient une personne à une autre, comme l'esclavage à Rome et la glèbe chez nous, sauf les différences qui existaient entre l'esclave romain et le serf français; les *mixtes*, qui assujettissaient une chose à une personne et qu'on appelle aujourd'hui dans la doctrine personnelles, depuis l'abolition des premières. Ce sont l'usufruit, l'usage et l'habitation. Notre droit coutumier les traduisait à peu près de la même manière que le droit de Justinien (1). En négligeant le droit d'usage, il avait introduit le droit de pâturage, de parcours et de vaine pâture (2), inconnu des Romains; du moins ils n'en ont pas parlé. Enfin les servitudes *réelles* qui assujettissaient un héritage à un autre, divisées comme en droit romain en urbaines et rurales, non d'après la situation, mais d'après la qualité des héritages dominant et servant.

Relativement aux servitudes urbaines, le droit romain contenait peu de principes généraux autres que ceux qui conviennent à toutes sortes de servitudes; le droit coutumier, au contraire, tel qu'il est établi au titre des servitudes des Institutes coutumières d'Antoine Loysel, et surtout au même titre de la coutume de Paris, en contient beaucoup. C'est qu'à Rome, comme l'indique le texte même des lois, les maisons (insulæ) bâties en général, isolément et sans contiguité, ne présentaient pas, à proprement parler, de murs mitoyens. La convention des parties seule pouvait leur donner ce caractère; c'est plus tard, et sur notre sol qu'est née la mitoyenneté. Nos anciennes coutumes devaient donc servir de guide aux rédacteurs du Code; mais comme il y avait

(1) Argou. — Inst. au droit franç.

(2) Ord. des eaux et forêts. — 1669.

un choix à faire entre ces diverses coutumes, car leurs dispositions étaient aussi variées que nombreuses, c'est à la coutume de Paris qu'on s'est plus particulièrement attaché. Nous aurons souvent occasion de la citer dans les développements du titre IIIe auquel nous arrivons.

TITRE TROISIÈME.

DU DROIT NOUVEAU.

(Des servitudes ou services foncier. Cod. civ., liv. 2, tit. IV.)

Pour avoir l'intelligence complète du mot servitude, il faut le prendre dans toutes les acceptions dans lesquelles il a été reçu. Et d'abord, ce mot ne se conçoit pas abstractivement, en dehors d'un objet auquel il s'applique, car son sens physiologique implique une idée de conservation pour une utilité quelconque. Appliqué pour la première fois par les Romains aux prisonniers faits sur l'ennemi, il désigne leur conservation pour le bénéfice de l'échange ou du rachat ; appliqué aux terres, c'est encore l'idée d'utilité qu'il révèle, c'est une terre qui en sert une autre dont elle augmente l'utilité ou l'agrément en perdant une partie de son utilité propre ou de ses agréments. Le fonds ainsi servi, s'appelle dominant ! mauvais mot qui ne satisfait l'esprit qu'autant qu'il rappelle une servitude imposée par la nature elle-même. Le fonds qui sert, s'appelle servant ; de là, notre législateur appelle les servitudes réelles *services fonciers*, *services dus à la terre par la terre* ; appellation heureuse que le besoin de ne pas rappeler les souvenirs féodaux, récents au moment où il parlait, lui fit trouver. Ce service constitue, pour le fonds auquel il est dû, une qualité active qui s'identifie avec lui, *ut fertilitas, amplitudo ;* et pour le fonds qui le doit, une qualité négative. Mais pour que cette relation intellectuelle entre deux fonds, car la servitude n'est que cela, comme l'usufruit n'est qu'une relation entre une personne et un fruit, puisse exister, il faut que ces deux fonds n'appartiennent pas au même propriétaire ; il n'y aurait pas alors de servitude possible. Quel que fût le profit tiré d'un fonds pour l'autre, ce ne serait là que l'exercice de la propriété, car la servitude est l'exception, et la propriété la règle ; donc, quand on est dans la règle, on n'est pas dans l'exception.

Cette dernière idée, d'une vérité si lucide, si frappante, va nous servir pour établir la division théorique des servitudes à l'encontre de celle adoptée par le Code. Mais d'abord, qu'est-ce que la propriété ? Nous vivons dans un temps où les opinions les plus extraordinaires, fondées sur le désir de passer pour avoir accompli une révolution sociale, sur des textes mal compris ou tronqués, sur des systèmes mal formulés, ont été reproduites ; la presse, la tribune, l'enseignement, les sociétés populaires, un apostolat presque universel, leur ont servi de moyen de publication. Non, il n'y a pas de légitime propriété individuelle, a-t-on dit, tout reste en commun ; à votre timide définition de la communauté politique, à la qualification de négative donnée par les jurisconsultes à la communauté primitive et universelle, je substitue l'énergique et radicale expression de communisme ! Il exclut toute idée de division et d'acquisition individuelle d'une partie, quelle qu'elle soit, de propriété ! et on est arrivé à dire, comme conséquence naturelle, *la propriété, c'est le vol,* sans nous dire toutefois ce que c'est que le vol. Le Code, au contraire, et en cela il ne fait que consacrer un droit primitif (1) de l'homme en société, pour laquelle il est fait, définit la propriété, art. 544, un droit absolu sur une chose susceptible d'appropriation, c'est-à-dire, de procurer une utilité quelconque à l'homme.

Cette définition contient deux idées : une attributive de tout l'émolument de la chose, voilà la règle ; et l'autre exclusive d'utilité pour tout autre, voilà la conséquence forcée. Mais qui a posé la règle ? C'est le législateur ; il pouvait donc lui donner l'étendue qui lui plaisait, limiter les conséquences de son principe dans l'intérêt général, communal ou des particuliers. C'est ce qu'il a fait en assujettissant la propriété immobilière à certaines relations, dont la cause est produite par la nature elle-même ou par des faits humains. Mais ces restrictions au principe ne le détruisent pas, elles le confirment, elles donnent, si je puis m'exprimer ainsi, à la propriété ses modalités d'existence, sa forme, comme le ciseau du statuaire la donne au bloc de marbre qu'il découpe. Le

(1) Thiers (de la propriété.)
Destrivaux. — (Du droit public.)
Dufaure, (discours cont. le droit au travail.)
Fréd. Bastiat. — (de la Loi.)
Le tribun Gillet devant le corps législatif.

droit de propriété sortant ainsi des mains du législateur, a son existence juridique pleine et entière. Il existe selon les règles de son existence. Celui qui l'a tel, peut dire que le fonds sur lequel il porte n'est grevé d'aucune servitude, et il pourrait le vendre comme libre, sans que l'acquéreur pût recourir contre lui pour l'exercice par l'État, une commune ou un particulier de l'une de celles que le Code appelle *légales ;* car, en vérité, il n'y a de servitude que tout autant qu'il y a dérogation à l'état normal, à la situation légale. On ne comprend donc pas que le Code ait appelé servitudes, les relations que la nature elle-même a établies entre les fonds, car ces relations ne sont pas une exception, c'est au contraire une règle pour tous et la plus impérieuse, car il ne peut pas en être autrement.

Les relations que la loi a créées elle-même ne sauraient non plus constituer des servitudes. En effet, dire *servitude légale,* c'est dire cercle carré, car, encore une fois, quand la loi a parlé, c'est une règle pour tous, autrement il faudrait prétendre que l'expropriation forcée est une servitude !

Le Code va encore plus loin dans cette hérésie doctrinale : dans l'art. 1370, alin. 3, il qualifie d'*obligation* ce qu'il appelle ici *servitude.* Or, quoi de plus opposé qu'obligation et servitude ? Les deux termes de la comparaison en matière de servitudes sont deux fonds, et deux personnes en matière d'obligations.

Pour nous résumer, nous dirons, en prenant la propriété dans sa liberté naturelle : on doit exclure les servitudes dites naturelles ; et en la prenant dans sa liberté civile : on doit exclure celles que le Code appelle légales.

Cette qualification, quoique vicieuse doctrinalement, a son utilité pratique. Il en résulte que les actions, discussions qui naîtront, entre voisins, de ces rapports de contiguité, seront des actions réelles et immobilières, partant, qu'elles s'agiteront devant le tribunal de la situation (1), ce qui est bien plus raisonnable que de les porter au tribunal du domicile. Tenons donc pour certain, que les véritables servitudes sont celles établies, non par les conventions entre propriétaires, comme le dit inexactement l'art. 639, mais *par le fait de l'homme*.

D'après les observations qui précèdent, la division logique des matières de notre thèse nous paraît devoir être celle-ci : dans une première partie, sous la rubrique : *Droit commun de la propriété foncière*, devraient être rangées les dispositions que contiennent les deux premiers chapitres du titre, et dans une seconde intitulée : *Servitudes établies par le fait de l'homme*, seraient exposées les dispositions du troisième chapitre. Cette classification échapperait aux critiques que nous avons adressées à celle du Code. Nous ne la suivrons pourtant pas, nous suivrons le Code dans l'ordre qu'il a établi, car nous trouvons qu'il facilite non seulement l'étude, mais même l'intelligence des textes (2).

Pour sortir des préliminaires, nous devons jeter un

(1) Duranton. — tom. 5, n° 626. art. 59. C. proc.

(2) Opiniou du tribun Gillet émise devant le corps législ.

dernier coup d'œil sur les trois premiers articles du Code (638 à 639). Dans le premier, qui a son commentaire dans l'art. 686, la loi nous donne la définition de la servitude en se plaçant au point de vue de l'héritage servant, et prohibe tout établissement de droit pour une personne, c'est-à-dire une relation de personne à fonds. La seconde prohibition portée par l'art. 637, qui a son commentaire dans les événements de la nuit du 4 août 1789, est une répétition qui nous paraît inutile, car, comment concevoir l'existence possible de droits féodaux, seigneuriaux, honorifiques ou utiles, avec les dispositions que nous venons d'indiquer et surtout la disposition précise de l'art. 543? Il y a pourtant, si nous avons bien saisi la pensée de deux de nos honorables professeurs, énoncée, il est vrai, très sommairement, une divergence d'opinions sur la portée de cet article qu'on ne mesure pas dans toute son étendue et ses conséquences pratiques au premier coup d'œil. Cette controverse, nous nous permettons de la développer. Les uns disent : c'est un article de transition; il n'a que la valeur d'un trait d'union ou d'une phrase de rhétorique; d'autres, et leur opinion nous paraît fondée, conviennent que c'est en effet un article de transition, car placé après ceux relatifs aux biens qui sont *in usu publico, in pecunia populi*, à des corporations, à des établissements, il ne reste à voir que les droits que peuvent avoir des particuliers sur les biens, et ces droits, il les énumère. Mais ils affirment, en outre, que le législateur a eu un motif sérieux et en vue une utilité pratique, en faisant cette énumération; qu'il a voulu, par là, résumer, en substance, bon nombre de dispositions des lois intermédiaires destinées à purifier la propriété de toutes les dénominations inventées pour la modifier, telles que champart, terrage, avenage, carpot, agrier, complant, et autres de cette nature; partant que cet art. 543 doit être pris limitativement, malgré la tendance qu'on a à ressusciter ces vieux modes de constitution de droits réels. Notre conviction est, qu'on ne peut avoir sur les biens qu'un droit de propriété, ou un simple droit de jouissance, ou des services fonciers à prétendre. Mais, dira-t-on, ne peut-on pas avoir sur ces biens une hypothèque, un privilége, quoique l'art. 543 n'en parle pas? Nous répondons que c'est à dessein qu'il n'en parle pas, parce qu'il faut distinguer deux sortes de droits réels : les *principaux*, qui subsistent par eux-mêmes, à côté de la propriété, qui ont une existence stable et permanente, que le propriétaire ne peut détruire à son gré, comme il ferait des seconds, que nous appellerons *accessoires*, parce qu'ils participent de la nature du droit qu'ils garantissent et dont ils subissent les variations. L'hypothèque prend la nature du droit dont elle garantit l'exécution, car elle n'est qu'un droit accessoire. Il en est de même du privilége. C'est cette différence de nature et d'effets entre les droits réels principaux et accessoires, qui a motivé l'exclusion de ces derniers de l'article que nous expliquons.

CHAPITRE PREMIER.

DES OBLIGATIONS LÉGALES ENTRE VOISINS, DÉRIVANT IMMÉDIATEMENT DE LA SITUATION DES LIEUX.

Ces obligations sont relatives : 1° aux eaux; 2° au bornage ; 3° à la clôture.

SECTION PREMIÈRE.

Des eaux.

Les eaux, considérées comme élément, indépendamment du terrain où elles reposent, sont *res nullius* et n'appartiennent évidemment qu'à celui qui s'en empare le premier; considérées comme accessoire d'un fonds, elles appartiennent au propriétaire du fonds. Mais celles-là seules peuvent avoir ce caractère, qui sortent du sein de la terre, et dont leur existence, qu'elles aient ou non un cours extérieur, est continuelle. Celles qui n'ont qu'une existence accidentelle, ne sauraient être considérées au même point de vue que les *vives*, car leur existence de hasard ne s'harmonise guère avec l'idée de propriété, qui est une idée de permanence, de fixité, tandis que ces eaux n'ont rien de fixe, rien d'immuable, rien sur quoi puisse, à proprement parler, reposer un droit de propriété, et l'homme est peu soucieux d'acquérir *a priori* le droit de jouir d'une chose qui pourra ne pas exister, ou qu'il ne pourra s'approprier, maitriser, modifier à son gré, lui imprimer le signe de sa puissance, si elle vient à exister. Le législateur a parfaitement fait cette distinction, selon nous, car dans l'art. 640, nous croyons qu'il n'a considéré que ces eaux de hasard. Aussi ne suppose-t-il point de conventions, de faits tendant à acquérir ces eaux, comme il le fait pour les eaux vives; il se place, non pas au point de vue des droits, comme dans les art. 642, 643, 644, mais au point de vue des devoirs, des obligations, et il les impose. Il convertit en disposition légale une nécessité de fait, car les eaux, en suivant dans leur cours la pente du terrain sur lequel elles coulent, obéissent aux lois du monde physique. Il n'a pas eu pour but d'apporter une sanction ridicule aux lois de la nature, mais d'imposer une obligation négative et réciproque aux deux héritages contigus. Nous croyons même qu'il serait impossible d'expliquer la règle de propriété que pose l'art. 641, qui permet au propriétaire du fonds sur lequel jaillit une source, *d'en user à son gré*, s'il pouvait tomber sous le coup de l'action en dommages-intérêts contenue dans l'art. 640, toutes les fois qu'il rendra l'eau *aut vehementiorem aut cibatiorem; si aliter fluere faceret quam natura fluere solet.*

La propriété, ou plutôt la jouissance des eaux vives est fort recherchée; elles servent l'agriculture, l'industrie, la navigation, c'est pourquoi le législateur les a réglementées avec soin, en les considérant :

1° A l'état de source;

2° A l'état de ruisseau;

3° A l'état de rivière.

1° Considérée comme source, l'eau captive dans un fonds doit appartenir exclusivement au maître de ce fonds, par une conséquence de l'art. 552, § 1, que confirme l'art. 641, en donnant à ce propriétaire le droit d'en disposer à sa volonté, d'en absorber entièrement l'usage pour l'utilité ou l'agrément de son fonds. Mais en indiquant ce résultat de la propriété, le Code y met deux exceptions. Le voisin peut, en vertu d'un titre, ou de la prescription, qui n'est que la présomption d'une concession expresse ou tacite, dont la preuve a été perdue ou n'a jamais existé, acquérir un droit sur ces eaux, et ce droit ne sera qu'une de ces servitudes qui dérivent du fait de l'homme. Il ne suffirait pas que celui qui invoque la prescription acquisitive, prouvât qu'il y a trente ans de coulage sur son terrain, et qu'il a fait de l'eau un usage continuel : le premier de ces faits, en supposant qu'il soit constant, ne constituerait, à l'égard du propriétaire de la source, qu'une abstention purement facultative de son droit ; et le second, qu'un simple acte de tolérance qui ne lui serait point opposable. Il ne suffit pas que le propriétaire de la source n'use pas de son droit et tolère, il ne suffit pas que le propriétaire voisin possède les eaux de la source et en jouisse, pour que le second empêche le premier d'en disposer à son gré et d'en changer la direction ; il faut qu'il usucape, et que, grâce à une contradiction ouvertement et continuellement opposée au propriétaire du fonds supérieur, la possession du propriétaire du fonds inférieur réunisse les conditions voulues par la loi pour conduire à la prescription. Et pour que la prescription commence à courir, la loi veut que celui qui l'invoque ait fait et *terminé* des ouvrages *apparents* destinés à en faciliter la *chute* et le cours. Alors seulement, il aura exercé à l'égard du fonds supérieur une servitude continue et apparente, seule susceptible d'être acquise par prescription.

De ce que la loi indique le but de ces ouvrages, qu'ils doivent, selon son expression, faciliter la chute, le passage d'un fonds dans l'autre, on en a conclu que ces travaux doivent être exécutés sur le fonds supérieur, mordre un peu sur ce fonds. Cette interprétation, qui est conforme à l'opinion des anciens jurisconsultes français, qu'enseigne un homme dont nous acceptons les décisions avec respect et confiance, parce qu'il a un esprit des plus sérieux, qui est consacrée par la jurisprudence de la Cour de cassation, nous paraît bien raisonnable, car il s'agit d'une prescription acquisitive; on veut dépouiller le propriétaire du fonds supérieur ; or, pour le dépouiller de sa propriété, il faut qu'il ait pu s'y opposer, et quand le propriétaire du fonds inférieur ne fait que travailler chez lui, on ne peut l'en empêcher. Néanmoins, nous croyons que ce n'est pas ce qu'a voulu la loi, car la question posée au tribunat, l'opinion contraire prévalut par la considération qu'il ne s'agit pas d'une servitude du fait de l'homme ; que la propriété de l'eau est d'une nature toute particulière ; que le propriétaire du fonds inférieur ne veut rien acquérir, mais seulement que les choses restent dans l'état où la nature les avait placées. Il y a *faute* du propriétaire du fonds supérieur ; ne pouvant s'opposer aux constructions de son voisin, il aurait dû l'assigner en reconnaissance de ses droits et interrompre ainsi la prescription. En adoptant cette dernière opinion, nous croyons nous rendre sinon à la raison, du moins à la volonté du législateur (1).

Le droit exclusif du propriétaire d'un fonds sur la source qui y prend naissance subit une seconde limitation par un motif tiré de l'ordre public et d'une impérieuse nécessité dans le cas où cette source fournit aux habitants d'une ville, d'un village ou d'un hameau, ne fût-il composé que d'une seule maison, l'eau qui leur est nécessaire pour leur consommation personnelle et celle de leur bétail ; car il s'agit de ne pas laisser une famille, une individu mourir de soif, manquer d'un élément nécessaire. Le refus serait bizarre de la part du propriétaire, *et maliciis non est indulgendum.*

La nécessité de l'eau une fois constatée, le propriétaire de la source subira une véritable expropriation du droit qu'il avait d'en changer le cours, sous la condition d'une indemnité dont le montant, réglé à l'amiable ou par experts, sera calculé, dans ce dernier cas, en prenant pour base, non l'intérêt qu'ont les habitants, mais bien le tort qu'éprouve le propriétaire. — Du reste, l'indemnité ne peut être réclamée qu'autant que les membres de la communauté n'auraient pas *acquis* ou *prescrit* l'usage des eaux.

2° et 3° Cette eau, dont nous venons de voir l'origine, et que nous avons suivie à travers les fonds dont nous

(1) V. Fenet. lib. 2, p. 256 à 262.

avons parlé, forme bientôt un ruisseau, puis un véritable cours d'eau qui, entraîné par la pente du terrain, touche successivement à un grand nombre d'héritages. Les propriétaires de ces différents héritages peuvent utiliser ce cours d'eau, quand même, personnellement, ils n'auraient acquis aucun droit spécial, car c'est un bienfait de la nature, et personne ne peut s'opposer à ce qu'ils en usent. La seule préoccupation de la loi doit être d'empêcher que quelques-uns de ces propriétaires ne s'en emparent exclusivement au détriment des autres, dont le droit est également légitime. C'est le but qu'elle s'est proposé dans les deux art. 644 et 645 ; ses dispositions, en principe, sont extrêmement simples. Nous allons les exposer avant de faire connaître les graves modifications que leur a fait subir la loi du 29 avril 1845, sur les irrigations. Le Code, dans l'art. 644, prévoit deux situations :

Ou bien le cours d'eau forme la limite de l'héritage dont il s'agit de déterminer les droits, et qui de cette manière le borde simplement d'un côté. Dans ce cas, le propriétaire de cet héritage a droit de se servir de l'eau, mais il ne peut le faire que dans une proportion restreinte, car il ne doit pas empiéter sur le droit du co-riverain ; de plus, comme il n'a droit de pratiquer ces saignées, de faire ces rigoles qu'en sa qualité de riverain, il ne pourrait concéder le bénéfice de l'eau à ses voisins qui ne seraient pas eux-mêmes riverains ; pourvu cependant que ces voisins ne soient des co-héritiers, des co-partageants aux lots desquels sont tombées les parts non riveraines.

La seconde situation est plus avantageuse, car si le cours d'eau traverse l'héritage, qui lui sert ainsi de rive des deux côtés, personne autre que le propriétaire de cet héritage, ne pourra se servir de l'eau à ce point de son cours, tandis que lui peut en faire l'usage qui lui plaît, à charge seulement de la rendre à son cours ordinaire. Mais si sa prairie, par exemple, est assez vaste pour l'absorber en totalité, nous ne voyons pas trop quel fondement les propriétaires inférieurs pourront donner à leur réclamation, car *injuriam non facit, qui suo jure utitur.* La loi a désespéré de donner une règle, et avec raison; aussi elle s'est bornée à dire dans l'art. 745, que s'il s'élève des contestations dans l'un et l'autre cas, entre les propriétaires auxquels ces eaux peuvent être utiles, les tribunaux prononceront. Les tribunaux ordinaires au pétitoire, les juges de paix au possessoire (loi du 25 mai — 6 juin 1838, art. 6) sont compétents pour statuer dans un intérêt purement privé, sur toutes contestations nées entre propriétaires riverains qui réclament l'usage de l'eau, soit en vertu de leur droit de propriété, ou de règlements généraux ou locaux, soit même en vertu d'usages constants ayant force de règlements. L'administration publique a le droit de faire, dans l'intérêt collectif des riverains, un règlement d'eau dont la violation constitue une contravention prévue et punie par des lois spéciales. En l'absence de tous règlements et usages, les tribunaux décideront *ex æquo et bono*, en conciliant, avec le respect dû à la propriété, l'intérêt de l'agriculture et de l'industrie. Nous croyons, même, pouvoir dire qu'ils sont souverains, car en 1814, deux arrêts rendus en sens contraire sur les questions que nous venons de soulever sur l'étendue des droits du propriétaire dont l'eau traverse son héritage, arrivèrent en cassation, et il y eut rejet.

Ces règles sont inapplicables à l'eau courant dans un canal creusé de main d'homme et formant une propriété particulière ; elles le sont aussi à tous les cours d'eau qui, aux termes de l'art. 538 C. civ., sont déclarés dépendances du domaine public, tels que les fleuves et rivières navigables et flottables, caractère que l'administration seule donne. Dans ce cas, l'intérêt de l'État ne permet pas d'accorder aux particuliers les droits qu'ils ont sur les cours d'eau de peu d'importance. C'est pourquoi aucune prise d'eau, ni aucun établissement quelconque, ne peuvent avoir lieu qu'avec l'autorisation du gouvernement. Le Code civil, conforme en ce point aux dispositions du Droit romain, reproduites dans l'ordonnance de 1669 (tit. 27, art. 41 à 44), déroge à la loi rurale du 6 octobre 1791, qui permettait aux propriétaires riverains des fleuves ou rivières navigables et flottables d'y faire des prises d'eau, pourvu que le cours n'en fût détourné ni embarrassé d'une manière nuisible au bien général. On a craint que ces prises diminuassent le volume de l'eau. L'arrêté du 19 ventôse an VI forme la base de la législation sur la matière. Toute contravention à cet arrêté est constatée, poursuivie et réprimée par l'autorité administrative, conformément aux dispositions de la loi du 29 floréal an X.

Voilà la législation du Code qu'a gravement modifiée la loi du 29 avril 1845. Cette loi, en effet, ne respecte l'art. 644 dans aucune de ses dispositions, car, par son art. 1er, elle donne à tout propriétaire qui voudra se servir, pour l'irrigation de ses propriétés, des eaux naturelles ou artificielles, vives ou mortes, courantes ou stagnantes, celles qui se sont ouvert d'elles-mêmes un passage en sortant du sein de la terre, et généralement tout ce qu'on entend par le mot *eau* (1), *dont il a le droit de disposer, pourra obtenir le passage de ces eaux sur les fonds intermédiaires*, à la charge d'une juste et préalable indemnité! Voilà donc un propriétaire riverain, ne le fût-il que d'un seul côté, qui peut arroser avec l'eau qu'il prend des propriétés non riveraines! Première dérogation à l'art. 644, al. 1er. Il a de plus la faculté de forcer les propriétaires intermédiaires à lui livrer passage, excepté toutefois à travers leurs maisons, cours, jardins, parcs et enclos attenant aux habitations. Il va sans dire qu'il n'est pas tenu de ramener l'eau, après s'en être servi, à son cours naturel.

C'est là une grave servitude établie dans l'intérêt particulier. S'il nous était permis d'émettre notre avis sur la portée de cet article, nous le désapprouverions, tout en approuvant assez l'art. 2, qui impose aux propriétaires des fonds inférieurs l'obligation de recevoir les eaux qui s'écouleront des terrains ainsi arrosés, en faisant toutefois les mêmes exceptions, fort raisonnables assurément, de l'art. 1er

La faculté accordée par ces articles aux riverains d'un

(1) Garnier. — Comm.
Carette. — Lois annotées. (Année 1845, p. 31.)

seul côté, l'est à *fortiori* à celui dont les propriétés sont traversées par le cours d'eau, et qui devient alors la restriction que l'art. 644, al. 2, apportait à son droit par ces mots : *Mais à la charge de la rendre, à la sortie de ses fonds, à son cours ordinaire.* Evidemment cette charge ne pèse plus sur lui, car, aux termes de l'art. 3 de la loi que nous expliquons, il peut obtenir la MÊME *faculté de passage sur les fonds intermédiaires,* en cas d'inondation ou de submersion; or, il serait ridicule de lui accorder cette faculté, si on l'obligeait de faire revenir l'eau, après lui avoir fait traverser plusieurs fonds intermédiaires, à son cours naturel. Cette loi déclare compétents pour connaître des contestations auxquelles pourront donner lieu l'établissement de la servitude, la fixation du parcours de la conduite d'eau, de ses dimensions et de sa forme, et les indemnités dues, soit au propriétaire du fonds traversé, soit à celui du fonds qui recevra l'écoulement des eaux, les tribunaux ordinaires devant lesquels il sera procédé comme en matière sommaire.

Cependant les droits que la loi accorde aux riverains sur les eaux qui traversent leurs héritages ne vont pas jusqu'à leur permettre d'établir sur ces cours d'eau des moulins et des usines sans une autorisation préalable de l'administration. Les décisions administratives ne peuvent être critiquées et réformées par les tribunaux ordinaires. Mais, sous prétexte qu'il s'est conformé pour sa construction aux prescriptions administratives, le propriétaire d'une usine ne pourrait impunément causer un préjudice direct aux fonds supérieurs et inférieurs, soit par la trop grande élévation des barrages, soit de toute autre manière. L'autorisation administrative est seulement pour celui qui l'a obtenue un moyen de n'être pas réputé en contravention aux lois de police. Les tribunaux feront donc, en ce cas, une juste application de l'art. 1382, sans pouvoir envahir les attributions du pouvoir administratif, en ordonnant la démolition ou même des modifications dans l'établissement de l'usine.

Section II.

Du Bornage et de la Clôture.

Nous avons parcouru la série des dispositions du Code relatives aux cours d'eau. Nous devons maintenant, pour suivre l'ordre des articles de la loi, parler du droit de bornage et du droit de clôture, auxquels le Code consacre trois articles en terminant ce chapitre.

Disons en passant, qu'il est difficile de voir une servitude dans l'obligation de borner; c'est une obligation résultant de la proximité, du voisinage ; une application du principe général qui prohibe l'indivision forcée (art. 815, C. civ.). Et quant au droit de clôture, il peut moins encore être considéré comme une servitude, car celui qui en use ne demande absolument rien à son voisin ; il ne fait qu'user d'un droit qui résulte essentiellement de celui de propriété. Du reste la loi ne fait qu'énoncer des principes sur le voisinage, et elle n'énonce ce principe que parce qu'il est de droit nouveau en France. Autrefois le droit de chasse n'était pas une conséquence de la propriété comme aujourd'hui; c'était un droit accordé au propriétaire du fief. Or, pour faciliter la chasse, il était défendu de clore. Les usages locaux sur le *parcours* et la *vaine pâture* s'opposaient aussi à l'exercice de ce droit de se clore, reconnu formellement par l'article 4 de la loi des 28 septembre et 6 octobre 1791, section 4, article 4.

Cette même loi définit, par les art. 2 et 3, ce qu'on doit entendre par droit de parcours et de vaine pâture; règle l'étendue de ce droit par les art. 13 et 16, et enfin, par l'art. 15 et 16, elle indique ceux à qui il appartient, et les signes auxquels on doit reconnaître qu'un héritage est clos.

Revenons aux dispositions du Code.

« Tout propriétaire, dit l'art. 646, peut *obliger* son « voisin au bornage de leurs propriétés contiguës. Le « bornage se *fait à frais communs.* »

Remarquons d'abord, que les mots *à frais communs* ne veulent pas dire *à parts égales,* ainsi que le prétend la généralité des commentateurs, mais proportionnellement à l'étendue du terrain; car le bornage, c'est la détermination, la fixation de la limite. Il faut donc, au préalable, une opération géométrique, et n'est-il pas évident que le géomètre emploiera plus de vacations à mesurer 50 arpents que pour en mesurer 10 ? Ce sont les bornes, qu'elles soient des pierres ou tout autre signe de délimitation admis comme tel par les usages locaux, qui seront payées par portions égales, parce que l'intérêt est le même.

Celui des voisins qui voudra *obliger* l'autre au bornage l'assignera à ce qu'il soit condamné à payer sa part proportionnelle du bornage. L'action en bornage est donc personnelle; mais où sera-t-elle portée? La loi des 25 mai et 6 juin 1838, art. 6, donne au juge de paix la compétence de ces actions que la législation antérieure attribuait aux tribunaux ordinaires, à cause de cette circonstance, que l'action en bornage se présente rarement isolée d'une action en délimitation de propriétés. Cette attribution de compétence, qui paraît très simple au premier coup d'œil et étendre beaucoup le cercle des attributions du juge de paix, fait naître, quand on étudie de près l'action en bornage pour la séparer d'autres actions avec lesquelles elle a une très grande affinité, des difficultés sérieuses, et la solution vraie de ces difficultés montre combien peu la compétence du juge de paix se trouve étendue par cette disposition.

Quelles sont, en effet, les hypothèses qui peuvent se présenter dans le cas où il y a contestation, ce qu'il faut supposer, car si les parties sont d'accord sur la limite, il ne s'agit plus que de planter la borne, ce pour quoi le juge de paix n'est pas nécessaire ; il n'y a pas de contestation, les parties ont plutôt besoin d'un géomètre, qui leur fera un plan au moyen duquel elles pourront toujours replacer la borne.

Mais s'il y a contestation, il peut arriver :

1° Qu'une partie, le demandeur, soutienne que sa propriété s'étend au-delà de l'endroit où son contradicteur prétend que la borne doit être placée ; ou bien, en supposant qu'il existe un bornage déjà consommé, qu'elle s'étend au-delà de la délimitation ainsi fixée. Mais une telle prétention constitue une question de propriété, une véritable revendication, car le juge doit répondre à cette question : *Cujus est res?* or une telle réponse ne peut être donnée par un juge de paix, le terrain n'eût-il que l'étendue d'un ongle.

2° Que la borne ait été déplacée et que le trou se voie encore. L'action à intenter pour la faire remettre à sa place primitive, s'il y a moins d'un an qu'elle est déplacée, et pour empêcher que l'auteur du déplacement ne change de sa propre autorité les rôles de demandeur et de défendeur dans le débat qui pourrait s'élever sur les véritables limites des deux propriétés, est l'action possessoire *en déplacement de bornes*. Si on suppose que l'auteur du déplacement soit maintenu en possession de la borne déplacée depuis plus d'un an, on retombe dans la première hypothèse.

On voit par cette analyse des éléments de ces deux actions *en déplacement de bornes* et *en délimitation de propriétés*, combien elles diffèrent de l'action en bornage proprement dite, et dont parle seulement l'art. 6 de la loi précitée. Ces trois actions concourent pourtant à un résultat définitif qui est le même, à savoir : fixer le droit de propriété d'un fonds sur la tête d'un propriétaire, et faire en sorte que le droit, une fois fixé, ne s'évanouisse que très difficilement. C'est ce résultat commun qui en rend la distinction difficile. Elle est pourtant importante à faire, puisque la compétence n'est pas la même pour les trois. Essayons donc de fixer les cas d'application de l'action en bornage proprement dite. Cela a lieu, d'après les termes de l'art. 6, § 2, *lorsque la propriété ou les titres qui l'établissent ne sont pas contestés*. Qu'est-ce à dire ? Que le juge de paix sera compétent tant que les parties seront d'accord sur les deux points qui détermineront la ligne divisoire, ou que les titres ne seront contestés qu'en tant que titres, c'est-à-dire en tant que faits constitutifs du droit, translatifs de propriété ; au point de vue de leurs conditions essentielles d'existence posées par les articles 1108 et suivants, 931 et suivants, 895 et ceux qui le complètent ?

Ou bien le juge de paix sera-t il incompétent toutes les fois que l'un dira : La ligne divisoire doit tomber là ; et l'autre, ici ; toutes les fois que le titre sera mis en question, non-seulement dans son existence, dans sa validité, mais encore dans sa portée ? En d'autres termes, le juge de paix pourra-t-il interpréter le titre, en fixer l'étendue d'application ? Nous ne le croyons pas. Il nous semble que la première opinion que nous combattons est détruite par les explications que donna le rapporteur de la commission, M. Amilhau (1), sur la demande de M. Taillandier qui comprit parfaitement qu'il y aurait très rarement procès en bornage sans contestation sur la propriété. C'est qu'en effet le législateur ne s'est proposé par la disposition que nous discutons, que de saisir le juge de paix de ces demandes en bornage qui ont lieu fréquemment entre les petits propriétaires de la campagne, qu'il est très difficile d'amener à un bornage volontaire, quand même il ne s'élève aucune difficulté sur la délimitation, sans l'intervention d'un juge. On a

(1) V. *Moniteur* du 24 avril 1838.

beau les inviter, soit verbalement, soit par écrit, à faire la modique dépense, ou à consacrer les quelques heures de temps que nécessite l'opération du bornage, ils ne se décident à le faire que sur une assignation qu'on leur donne, et qui termine ces espèces de contestations fréquentes dans les campagnes, et que la loi a sagement placées dans les attributions des juges de paix, afin d'éviter les frais qu'aurait entraînés le recours à un tribunal supérieur.

Si telle est la portée de la loi, il est évident qu'elle a fort peu étendu les attributions du juge de paix qui est loin d'avoir, en cette matière, un pouvoir aussi étendu que l'avait l'*arbiter* en droit romain où l'action *finium regundorum* contenait les deux actions distinctes chez nous, *en déplacement de bornes et en délimitation de propriété* (1).

CHAPITRE II.

DES OBLIGATIONS ET DES CHARGES ENTRE VOISINS, IMPOSÉES IMMÉDIATEMENT PAR LA LOI.

Cette classe de servitudes, nous dit l'art. 649, peut se diviser en deux séries distinctes : celles qui concernent l'utilité publique ou communale, et celles qui ont pour objet l'utilité des particuliers.

Nous ne parlerons pas des premières dont le Code en indique seulement deux, art. 650. La matière est si vaste et soumise à tant de règles de détails, que l'honorable M. Duranton, dans son cours de droit civil, se

(1) V. Ulp., lib. VIII, § I, finium regundorum.

contente d'en retracer les principes généraux dans une analyse succincte et rapide (1).

Mais notre travail comprend les secondes, c'est-à-dire celles qui, suivant l'art. 651, assujettissent les propriétaires à différentes obligations, l'un à l'égard de l'autre, indépendamment de toute convention. Partie, néanmoins, de ces obligations est réglée par les lois sur la police rurale (2), et nous n'avons pas à nous en occuper. Nous traiterons seulement de celles qui sont régies par le droit commun ordinaire, dans les cinq sections suivantes.

Section Ire.

De la Mitoyenneté des murs, des fossés et des haies.

§ I. Des murs mitoyens.

Le Code parle d'abord de la mitoyenneté des murs, comme étant la plus importante. Mais, qu'est-ce qu'un mur mitoyen? « C'est celui, dit la coutume de Paris (3), « qui est commun aux propriétaires de deux maisons « ou héritages séparés par icelui, *quasi medius inter* « *utrumque, vel meus et tuus*; » appartenant, par indivis, à deux propriétaires contigus. Quand nous disons que le mur est *indivis*, nous entendons qu'il est indivis en tout, indivisible dans son ensemble, car si on en coupait la moitié, l'autre croulerait. C'est un mur qui appartient *pro indiviso*, et non *pro diviso*, à deux pro-

(1) T. V, nos 268 à 295. — V. Inst. Loysel, H. des Seigneuries.

(2) Art. 652.

(3) Sous l'art. 158.

priétaires voisins; chacun est copropriétaire de l'ensemble.

Une première question était à résoudre, la plus importante peut-être en cette matière, celle qui précisément avait excité les plus grandes difficultés dans l'ancienne jurisprudence. La mitoyenneté devait-elle être forcée, ou bien devait-elle rester facultative et subordonnée aux volontés des deux propriétaires voisins? Le législateur, suivant en cela les dispositions de la coutume de Paris (art. 194, 212), a résolu la question affirmativement dans l'art. 661. Cette disposition est fort remarquable, quoiqu'elle ne soit pas en parfaite harmonie avec la définition de la propriété, car elle impose le sacrifice de la propriété dans un intérêt privé. Elle est justifiée par ses avantages d'économie de terrain, de main-d'œuvre, de frais de matériaux. Elle ne peut, du reste, présenter aucun inconvénient réel pour le voisin auquel la mitoyenneté est demandée. Son refus eût été capricieux; or, *maliciis non est indulgendum.* A quoi bon, en effet, deux murs, si un suffit? La demande du voisin fait présumer ce fait. Si donc celui auquel cette demande est adressée refuse d'y accéder, il sera actionné. S'il fait défaut, le tribunal ordonnera sa comparution, en cas de persistance dans ce silence, un rapport d'expert, au vu duquel il allouera une indemnité et déclarera la mitoyenneté. Le juge fera ainsi ce que faisait le préteur à Rome dans les actions *familiæ arciscundæ, communi dividendo, finium regundorum.*

Il ne faut pas, pourtant, donner à cette disposition une portée plus étendue que celle qu'elle a réellement d'après le fait prévu par le législateur, qui est celui-ci : J'ai élevé un mur à la limite de mon terrain ; le parement tombe à plomb sur la limite. Le voisin peut le rendre mitoyen, sauf indemnité. Mais pour peu que j'aie laissé un bout de terrain, autrefois appelé *tour d'échelle*, l'art. 661 est inapplicable, car alors on n'est plus dans le cas prévu : Ce n'est plus le propriétaire *joignant un mur*, mais le terrain.

Une disposition correspondante, et qui forme pour ainsi dire le pendant de la précédente, est celle de l'art. 663, qui établit que chacun peut contraindre son voisin, dans les villes et faubourgs, à contribuer aux constructions et réparations de la clôture formant la séparation de leurs maisons, cours et jardins, assis ès-dites villes et faubourgs. Mais il résulte du texte même de cet article, qu'il ne s'applique pas aux propriétés situées à la campagne. La nécessité des clôtures ne s'y fait pas, en effet, sentir aussi impérieusement que dans les villes, car elle est en raison de la population. Plus elle est grande, plus il y a de valeurs et moins on les connait. A la campagne, au contraire, tout le monde est commissaire de police.

La hauteur de la clôture fixée par les règlements ou par la loi est obligatoire, comme la clôture elle-même, et le voisin ne peut se soustraire aux frais qu'elle nécessite en abandonnant l'emplacement du mur ou le droit de mitoyenneté, comme dans le cas prévu par l'art. 656, car ici la clôture est forcée. Il faut qu'il abandonne le terrain tout entier, s'il ne veut pas contribuer, car c'est une obligation imposée à chaque parcelle de terrain. Pour établir cette opinion, contraire à la jurisprudence de la Cour de cassation, remontons aux sources et analysons.

Dans les obligations ordinaires, si le débiteur exécute de bonne grâce, il satisfait le créancier. S'il n'exécute pas, le créancier emploiera les moyens de contrainte que lui offre le Code de procédure, et saisira le gage que lui indiquent les deux art. 2092 et 2093 du Code civil, qui sont la conséquence naturelle, la sanction des obligations, car c'est à la règle qu'ils formulent qu'elles se résument. Voilà le caractère général des obligations. Mais il y en a qui n'ont pas cette étendue d'efficacité, où le débiteur peut ne pas exécuter et n'être pas tenu selon l'art. 2092. Ce sont des obligations particulières; celle de l'art. 556 est de ce nombre. Ce n'est pas là une obligation *personnelle* dans le sens absolu, comme elle le serait si elle était *ex causâ emptionis*, par exemple ; le débiteur n'est tenu que *propter rem*, *occasione rei*, aussi n'aboutit-elle qu'à l'abandon noxal. C'est ici que la question devient délicate. L'abandon noxal suffira, si le débiteur peut se placer dans le cas de l'art. 556, parce que, dans ce cas, son obligation ne dérivant que de l'état de copropriété du mur, il peut s'en décharger en abandonnant cette communauté audit mur, dans le cas où il n'est pas forcé de bâtir; mais il ne suffira plus s'il est dans le cas de l'art. 663 ; c'est du moins ce que nous prétendons, parce que la clôture est forcée et que l'obligation dérive de l'état de vicinité. En effet, dans ce cas, s'il n'y avait pas de mur, je vous forcerais à en établir un. Eh bien ! qu'est-ce que vous m'abandonnerez?

la place du mur? Mais vous ne faites que reculer la difficulté, car vous profiterez encore de l'utilité de ce mur. La loi suppose que vous profiterez tout autant que moi de l'utilité du mur, et impose à chaque parcelle du terrain l'obligation de contribution. Pour s'y soustraire il faut tout abandonner. La logique pousse là : c'est à prendre ou à laisser.

Telle est notre argumentation, que nous avons puisée dans les derniers errements suivis par la coutume de Paris, dans le rapport fait au Conseil d'État par l'illustre Treilhard (1), qui ne laisse point supposer que le Code ait abandonné les errements de la coutume qui lui a servi de guide en cette matière, et surtout dans Pothier. Nous croyons utile de rapporter les termes si clairs et si lucides dont il se sert pour exposer le système de la coutume de Paris (2) : « A la campagne, dit-« il, et dans les lieux où la coutume n'oblige pas les « voisins de s'enclore par un mur, le voisin peut se dé-« charger de l'obligation en laquelle il est de contri-« buer à la réparation ou reconstruction du mur, car « cette obligation *n'étant formée que par la commu-« nauté qu'il a audit mur*, il peut s'en décharger en « abandonnant cette communauté. Dans les villes (3), « telles que Paris et Orléans, chacun des voisins est « obligé de contribuer aux réparations et même à la re-

(1) Fenet, t. XI.

(2) Traité du Contrat de société, n° 221, 1er appendice, art. 5, § 3.

(3) V. 253. A. Coutume de Paris, art. 209.

« construction du mur de clôture, *sans qu'il puisse se « décharger de cette obligation en abandonnant sa part « dans la communauté du mur.* »

Ces raisonnements et ces textes ne sont pas concluants pour certaines personnes, qui soutiennent que l'art. 656 étant général, doit recevoir son application dans l'hypothèse prévue par l'art. 663, et qu'on ne doit pas distinguer entre le cas où l'abandon de la mitoyenneté a lieu à l'égard d'une clôture forcée et d'une clôture volontaire, puisque le Code lui-même ne distingue pas. A cela nous répondons : Dans les campagnes, où la clôture n'est pas forcée, l'obligation du co-propriétaire du mur mitoyen *n'étant formée que par la communauté d'icelui*, il peut s'en décharger en abandonnant cette communauté. Tel est précisément le principe sur lequel repose la disposition de l'art. 656. Mais dans les villes où la clôture est forcée, l'obligation de se clore, de réparer ou de reconstruire la clôture ne dérive pas de la copropriété, mais de la *vicinité*. Par conséquent, tant que cet état subsiste, l'obligation qui en dérive subsiste aussi, et pour qu'elle fût détruite, il faudrait que le fait de vicinité fût détruit, comme le fait de copropriété du mur est détruit par l'abandon de ce mur en pleine propriété ; or, la vicinité ne peut être détruite que par l'abandon du fonds entier, et nous ne croyons pas que la Cour de cassation soit disposée à admettre cette conséquence rigoureuse, logique, du principe qu'elle a posé.

Il y aurait à examiner ici la différence qu'il y a entre le propriétaire d'un mur mitoyen dans la position des art. 656-663, et le détenteur de l'immeuble hypothéqué, mais l'espace nous manque.

La seconde question d'ensemble que présente la section que nous expliquons, est celle-ci : *Peut-on avoir la preuve qu'un mur est mitoyen ?*

Lorsqu'on aura la preuve que dès le principe il a été construit à frais communs, et sur le terrain des deux voisins; ou bien encore, lorsque le mur dans son principe ayant appartenu à un seul, l'autre a acheté la copropriété, ou a usé de ce mur comme chose commune, l'a entretenu, en cette qualité, depuis plus de trente ans, l'existence de la mitoyenneté ne saurait être douteuse ; mais hors ces cas, lorsqu'un mur existe entre deux propriétés auxquelles il sert également de clôture, si l'un des propriétaires ne peut prouver qu'il l'a en entier, si l'autre ne peut prouver qu'il en a la mitoyenneté, la loi tire des présomptions pour en déterminer la propreté.

Ajoutons qu'il y a ici une idée commune pour toutes ces présomptions : c'est l'utilité. La loi présume que toute clôture située entre deux héritages contigus, auxquels elle sert de borne, de soutien et de défense, est commune parce qu'elle est aussi utile pour l'un que pour l'autre.

Entrons maintenant dans l'examen des cas d'existence ou de non existence de cette mitoyenneté, des droits qu'elle crée et des charges qu'elle impose.

La mitoyenneté, avons-nous dit, repose sur une présomption. L'art. 653 (1) la formule tant pour les villes que pour les campagnes ; la règle est la même : « Entre « bâtiments jusqu'à l'héberge, ou entre cours et jardins,

(1) Art. 211. Coutume de Paris.

« et même entre enclos dans les champs, tout mur servant de séparation est présumé mitoyen, s'il n'y a titre « ou marque du contraire. » Les mots *entre cours et jardins*, peuvent donner lieu à une équivoque. Ce peut être en effet, 1° entre deux cours; 2° entre deux jardins; 3° entre une cour et un jardin. Dans les deux premiers cas, il n'y a pas de difficulté, parce que la nature des immeubles est identique, *l'utilité est égale :* vous fermez votre cour ou votre jardin, je ferme la mienne ou le mien, et voilà tout. Mais dans le troisième cas, l'utilité est-elle la même? La question n'est pas douteuse dans les villes et faubourgs, vu l'art. 663; mais dans les campagnes, elle a une difficulté réelle. Il est fort douteux que la présomption de mitoyenneté ait lieu, car on a l'habitude de fermer les cours, mais non les jardins. Selon nous, il faut présumer, au contraire, que le mur qui sépare une cour d'un jardin n'est pas mitoyen, et le décider positivement si la cour est fermée dans tout son périmètre par un mur, et que le jardin ne soit pas fermé, ou seulement fermé par des haies, parce qu'alors il n'y a pas corrélation (1). Nous dirions de même entre enclos dans les champs, si la clôture n'est pas de même nature, ou si elle n'existe que d'un seul côté.

L'art. 654 (2) nous indique les cas de non existence de la mitoyenneté. Il donne à certaines marques extérieures sur les murs litigieux, non seulement la puissance de faire taire la présomption légale de l'art. 653,

(1) Art. 290. Instit. coutum. de Loysel.

(2) Art. 214. Cout. de Paris.

mais d'ériger ces marques en une présomption contraire de non-mitoyenneté ; c'est sous ce dernier point de vue que l'énumération qu'il contient nous paraît limitative. Toutes les autres marques de non mitoyenneté ne seront que de simples indices, luttant avec le secours de toutes les preuves du droit commun, voir même la preuve testimoniale, par application de la règle générale de l'article 1348, contre la présomption de l'art. 653 ; on n'aura besoin, en effet, d'invoquer l'art. 654, qui est l'exception, que lorsqu'on sera d'une manière évidente dans le cas prévu par l'art. 653, qui est la règle.

Quand la mitoyenneté existe, quels droits donne-t-elle ? Pithou, en ses observations analytiques sur la coutume de Paris, répond : « *Droit de moitoirie contient* « *trois effets :*

1° Avoir droit de propriété au mur ;

2° Pouvoir bâtir contre icelui, sur icelui, dans icelui ;

3° Empêcher que le voisin ne fasse rien de préjudiciable audit mur, s'il n'y a contre-mur.

Ces trois effets sont consacrés par le Code.

Le premier est développé dans les art. 553, 656 et 661 dont nous connaissons déjà la portée.

Le second a produit les art. 657, 658 à 660, 662.

Le troisième a ses cas d'application dans l'art. 674, qui ne fait que reproduire les art. 191, 193, 189, 190, 188 de la coutume de Paris.

Ce sont ces deux derniers qui nous restent à étudier. Nous ne saurions voir, comme le font la plupart des commentateurs, dans l'art. 662, un principe général pour la matière, auquel se rattacheraient les dispositions des art. 657, 674 et même de l'art. 675. Nous croyons que chacun de ces articles a son hypothèse particulière, et que l'art. 662, en imposant au voisin qui veut modifier ce mur mitoyen, l'obligation d'obtenir le consentement de l'autre, ne fait qu'indiquer la marche à suivre dans tous les cas litigieux possibles pour arrêter un procès à sa naissance, démarche qui est plus particulièrement dans le vœu de la loi, lorsque les parties litigantes sont des voisins, car son but indiqué dans les rapports au tribunat et au corps législatif, a été de maintenir les relations de bon voisinage, en consacrant ici une double dérogation au droit commun : indivision forcée et droit d'innovation sur la chose commune, sans l'agrément du copropriétaire.

L'art. 662 domine l'art. 657, a-t-on dit, car, voyez, l'art. 657 vous permet de bâtir *contre* un mur mitoyen, quand vous voudrez, sans le consentement du voisin. Mais l'art. 662 vous défend d'*appliquer*, d'*appuyer aucun ouvrage* sans le consentement de votre copropriétaire, ou sans l'autorisation de la justice, conformément à un rapport d'experts nommés à l'effet d'indiquer comment vous pourrez bâtir sans nuire aux droits de votre voisin ; vous ne pourrez donc pas *bâtir contre*, car c'est bien là appuyer ? Ce n'est là qu'une pure question de fait : dans le sens de l'art. 657, *bâtir contre un mur*, ce n'est autre chose que rendre le mur partie de la construction qu'on va faire. Ce n'est pas y faire des excavations ou des ouvrages qui tendent à le culbuter. Ce sont, au contraire, des bâtisses qui, au lieu de pousser le mur, tendent à le consolider. Ce sont des ouvrages qui pèsent sur le mur, le consolident au lieu de l'affaiblir, tandis que ceux dont parle l'art. 662 l'affaiblissent, mais d'une manière qu'on ne peut très bien caractériser. Cet art. 662 pose, si je puis m'exprimer ainsi, la règle pour les affaiblissements *in extenso*, et l'art. 674 prévoit limitativement certains ouvrages qui ont un effet caractérisé, déterminé.

Le Code donne des règles assez précises, d'après lesquelles aura lieu l'exercice du droit d'exhaussement, dans l'art. 658, mal rédigé, et qu'on ne peut comprendre qu'en le rapprochant de l'art. 197 de la coutume de Paris. Il est évident d'abord que je dois payer seul la dépense de l'exhaussement, mon voisin n'en a pas besoin. En outre, dit la loi, je paierai *l'indemnité de la charge en raison de l'exhaussement, et suivant la valeur!* Mais la charge de quoi? la charge qui résulte pour le mur primitif, de l'exhaussement, car étant plus chargé, il pourra durer moins. *Suivant la valeur*, de quoi? La coutume de Paris répond, que le voisin qui veut faire exhausser le peut à ses dépens, sans le consentement de son copropriétaire, en lui payant de six toises l'une de ce qui sera bâti au-dessus de dix pieds, c'est-à-dire, le sixième de l'exhaussement (1). Si le mur primitif est trop faible pour supporter la surcharge de l'exhaussement, et que le voisin soit obligé de le faire reconstruire en entier, il ne devra pas l'indemnité dont nous venons de parler. C'est la disposition de l'art. 659. L'art. 660 passe

(1) V. Institution au droit français de d'Argou, t. I, p. 197.

en revue diverses combinaisons possibles, qu'il régle-mente par application de ce principe : *Quem sequuntur commoda, eumdem sequi debent incommoda.*

A côté des droits se trouvent presque toujours des obligations : la mitoyenneté d'un mur entraîne pour tous ceux qui y ont droit, et proportionnellement au droit de chacun, l'obligation de contribuer aux réparations et constructions, sauf la faculté de s'y soustraire en abandonnant le droit de mitoyenneté, pourvu que le mur mitoyen ne soutienne pas un bâtiment qui appartienne au délaissant, et qu'il ne s'agisse pas de clôture percée (art. 655, 656 et 663).

A propos des charges de la mitoyenneté, le Code, dans l'art. 664, établit entre les propriétaires des différents étages d'une maison un règlement si bizarre, qu'il nous est permis d'employer des mots bizarres pour le critiquer, car c'est une véritable niche à procès. Voici comment, dans ce cas qui rentre plutôt dans les conditions de la copropriété ordinaire que dans celles de la mitoyenneté, à défaut d'un règlement précis dans le titre de propriété, la loi détermine la répartition des frais de réparations et reconstructions auxquelles cet immeuble peut donner lieu : les gros murs d'enceinte et les toits étant, d'une utilité commune, sont à la charge de tous les propriétaires, chacun en proportion de la valeur de l'étage qui lui appartient ; le propriétaire fait le plancher sur lequel il marche et le plafond correspondant, s'il en veut avoir. Pour l'escalier, c'est plus bizarre encore, car celui du troisième étage marche sur celui des deux autres, il ne peut d'un coup, de jarret sauter à son étage. Des auteurs ont dit qu'il y a compensation, attendu que les propriétaires du premier et du deuxième étage, marchent sur l'escalier de celui du troisième pour monter au grenier. Nous ne saurions approuver cette manière de partager, quoiqu'elle fût adoptée par le Droit romain et notre Droit coutumier, avec une légère modification (1). Il vaut mieux liciter, si la maison est impartageable, car il y aurait toujours des points de contact désagréables. Enfin la loi arrête les dispositions relatives à la mitoyenneté des murs à l'art. 665. Nous développerons les trois idées qu'il contient en parlant de l'extinction des servitudes.

§ II. Des fossés mitoyens.

La mitoyenneté des fossés, quoique moins importante que celle des murs, peut cependant présenter de grands avantages pour les propriétés agricoles, car elle procure aux propriétaires l'économie d'un terrain précieux ; à ce titre elle méritait l'attention que le législateur lui a accordée. Il l'a même présumée plus facilement que celle des murs ou des haies. Il la fait résulter d'une présomption de fait unique, de l'existence seule du fossé entre deux héritages, parce qu'un fossé a une utilité particulière qui est toujours commune aux deux riverains, en servant à l'écoulement des eaux. C'est même là l'idée dont le législateur était pénétré, comme le prouve la disposition de l'art. 669 ;

(1) Art. 292. Instit. de Loysel.

ils servent par conséquent à l'assainissement des propriétés.

Tous fossés entre deux heritages, dit l'art. 666, sont présumés mitoyens. Mais il arrive souvent qu'un propriétaire plante une haie, et, en dehors, creuse un fossé. On devra présumer que le fossé appartient en totalité à celui dont l'héritage est clos, parce qu'il l'a fait pour rendre plus difficile l'accès de sa propriété. Ce n'est pas le seul cas où la présomption de mitoyenneté cesse. Elle cesse encore devant un titre privatif au profit de l'un des deux propriétaires voisins. Elle cesse également lorsqu'il y a marque du contraire que l'art. 668 indique : *Le fossé appartient à celui sur lequel est le rejet, car qui douve a, si a fossé* (1). Il y a une autre marque dont la loi ne parle qu'au sujet de la haie, c'est la possession annale qui est au premier rang des présomptions en ce qui touche le droit de propriété ; mais il faut des actes de possession non équivoques, par exemple, si le fossé, devenu pré, a été fauché.

La mitoyenneté du fossé entraînera, comme celle des murs, l'obligation de l'entretien à frais communs (article 669), et la faculté de s'y soustraire par le délaissement, à moins que le fossé ne serve au bornage, auquel cas l'obligation d'entretenir dérivant, non seulement de la copropriété, mais aussi de la vicinité, ne pourra s'évanouir par l'abandon du fossé en pleine propriété,

(1) V. Loysel, Institut. cout., art. 7. Titre des Servitudes.

abandon qui laisse subsister le fait de vicinité avec toutes ses conséquences.

§ III. Des haies mitoyennes.

Les mêmes règles que nous venons d'exposer s'appliquent à la mitoyenneté des haies. L'existence de cette mitoyenneté se constate de la même manière que les précédentes, et, comme celles-ci, elle peut résulter de la présomption de la loi, qui répute mitoyenne toute haie séparative de deux héritages, à moins qu'il n'y ait qu'un seul héritage en état de clôture (art. 670). Nous ferons ici la même remarque que sur les murs à proximité des jardins : si la haie qui entoure un héritage est parfaitement régulière, symétrique, tandis que celui du voisin est fermé d'un côté par un mur, de l'autre par un fossé, la présomption de la loi cesse. Ce n'est pas le défaut seul de symétrie qui la fait cesser. Elle cesse encore quand il y a titre privatif ou possession suffisante du contraire.

La loi n'a pas parlé de la possession au sujet du mur; elle en parle ici. C'est qu'il y a des signes significatifs au sujet de la haie, la tonte. Mais quand la possession est-elle suffisante ? Elle peut l'être à raison des actes, ou relativement à sa durée. Ici il ne s'agit pas évidemment des actes, car, si j'ai possédé, j'ai fait la tonte. Le législateur s'est référé au temps, mais quel est ce temps ?

(1) Annotateurs de Zachariæ, t. 240, note 26.

Les uns disent trente ans ! les autres se contentent du délai d'un an, et nous croyons qu'ils ont raison, car l'article 3 du Code de procédure suppose l'action possessoire pour usurpation d'arbres, *haies*, fossés et autres clôtures ; donc si l'un la perd, cette possession, par un an, l'autre l'acquiert. Il ne s'agit en cette matière que de présomptions, et une année de possession suffit pour l'établir. Si elle se prolonge trente ans, on aura acquis la propriété. Des mots : « et autres clôtures, » contenus dans cet article 3 du Code de procédure, nous induisons que la décision que nous donnons pour la haie est applicable au mur.

Les arbres qui se trouvent dans la haie mitoyenne sont mitoyens comme la haie ; c'est l'ensemble qui est mitoyen; donc, s'il y a dispute relativement à cet arbre, il faut le faire couper, vendre et partager le produit, car il est mitoyen *non pro diviso, sed pro indiviso*.

§ IV. De la distance requise pour les plantations limitrophes.

Nous devons résoudre sous ce paragraphe une question commune aux trois précédents : Peut-on creuser un fossé, élever un mur, planter une haie, vive ou morte, à la ligne séparative ?

La loi ne l'a décidée que pour les haies vives, encore ses dispositions ne devront-elles être appliquées qu'à défaut de réglements et usages locaux constants et reconnus; car en cette matière, comme pour la fixation de la hauteur des murs dans les villes et faubourgs, vu la différence, la nature des matériaux à employer, de celle des travaux à faire pour préserver un mur de l'action de vapeurs ou de matières corrosives (art. 674), elle a dû renoncer à son système d'unité législative. Pour les murs et les haies sèches, aucune distance n'étant prescrite, on pourra les planter ou bâtir sur la limite. Quant aux fossés, la loi romaine, empruntée à une loi de Solon, voulait qu'on laissât une largeur de distance égale à la profondeur : « *Si quis scrobem foderit, quantùm pro-* « *funditatis habuerit, tantùm spatii relinquito* (1). »

Leibnitz a démontré mathématiquement la justesse de cette proportion, et détermine la largeur du terrain à laisser au moyen des règles du carré ordinaire ou du carré de l'hypoténuse, selon que les parements des fossés sont perpendiculaires ou à plan incliné.

Les inconvénients du voisinage des arbres, surtout pour la culture des champs, ont de tout temps été reconnus : aussi la loi des XII Tables exigeait une distance de neuf pieds pour le figuier et l'olivier, et de cinq pieds pour les autres arbres, de la ligne séparative des deux héritages : « *At vero oleam aut ficum ab alieno ad novem pedes plantato, cœteras arbores ad pedes quinque* (2). »

En Bourgogne on exige vingt-quatre pieds, quand l'héritage voisin est une vigne et qu'on veut planter un noyer. Le Code exige, selon la nature de l'arbre, six pieds ou deux pieds, qu'il faut prendre au moment de

(1) Digest. 10, 1, *Finium regundorum*, 13. Fr. Gai, liv. IV de son Commentaire des Douze Tables.

(2) *Loco citato.*

la plantation, car la loi ne parle que de *planter*, sans s'occuper de ce qu'il adviendra. Nous croyons que, par prescription, le voisin pourra conserver l'arbre qu'il aura planté trop près, car il ne s'agit pas pour lui d'*acquérir*, mais de se *libérer* d'une servitude. C'était au propriétaire du fonds dominant de lui dire qu'il ne pouvait faire ce qu'il a fait. S'il n'a pas usé de cette servitude pendant trente ans, elle est éteinte. Le planteur, en effet, ne viendrait jamais à bout d'établir la prescription acquisitive, car le voisin lui répondrait toujours : L'arbre n'est plus ce qu'il était. Mais, nous le répétons, il n'a rien à acquérir, puisque l'arbre est planté sur son terrain. Nous pensons aussi que la prescription est ici relative à l'essence de l'arbre, partant que si l'arbre dont s'agit est cassé ou détruit, on ne peut le remplacer sans observer l'art. 671, et en cas d'inobservation, l'action du voisin dure trente ans (art. 672, al. 1). Si le pied de l'arbre se trouve à la distance voulue, le voisin n'a pas à se plaindre ; mais si les branches avancent sur sa propriété, il a le droit de demander qu'elles soient coupées dans toute la hauteur de l'arbre. La loi romaine n'autorisait à les faire couper qu'à la hauteur de quinze pieds : « *Quod ait Prætor et lex XII Tabularum efficere voluit, ut quindecim pedes altius rami arboris circumcidantur* (1).

Le Code (article 672, al. 2) ne limite pas la hauteur, il ne limite pas non plus la durée de l'action, parce

(1) V, Digest, 43, 27, *De arboribus cædendibus*, 1, § 8. Fr. Ulp. ; et 2, Fr. Pomp.

qu'on ne peut acquérir par prescription le droit d'avoir des branches sur le sol d'autrui. Aucune tolérance du voisin ne saurait le fonder, car son droit, à lui, ne reçoit d'atteinte que par l'art. 150 C. forestier, suivant lequel les propriétaires riverains des bois et forêts ne peuvent se prévaloir de l'art. 672 C. civ. pour l'élagage des lisières desdits bois et forêts, si ces arbres de lisières ont plus de trente ans. Mais l'usage prescrit la coupe en temps utile. Quant aux racines, le voisin peut les couper lui-même. Les fruits que pourront porter les arbres dont nous parlons appartiennent au propriétaire de l'arbre, et il a le droit d'aller cueillir dans le fonds voisin ceux qui y sont tombés : *Cautum est enim lege XII Tabularum, ut glandem in alienum fundum procidentem liceret colligere*. Il en est de même chez nous. Le préteur à Rome décidait que le propriétaire n'avait que trois jours ; le Code n'a pas fixé de temps, mais le voisin pourra invoquer l'art. 1382, qui impose à chacun l'obligation de réparer le dommage qu'il a causé par sa faute ou par son fait à autrui. S'il y avait un mur de séparation, il ne serait pas permis au propriétaire de l'escalader, seulement il pourrait toujours revendiquer ses fruits, sauf l'application de l'article que nous venons de citer.

Section II.

De la distance et des ouvrages intermédiaires requis pour certaines constructions.

Celui, dit l'art. 674, qui fait creuser un puits ou une fosse d'aisance près d'un mur mitoyen ou non ; — celui qui veut y construire cheminée ou âtre, forge, four ou fourneau; — y adosser une étable, ou établir contre ce mur un magasin de sel ou amas de matières corrosives, est obligé à laisser la distance prescrite par les règlements ou usages particuliers, ou à faire les ouvrages prescrits par les mêmes règlements et usages, *pour éviter de nuire au voisin*. Ce sont ces derniers mots de l'article qui contiennent le seul principe doctrinal sur lequel reposent toutes les hypothèses qu'il prévoit : vous avez le droit d'user de votre chose, mais respectez la mienne.

La loi a renoncé encore ici à l'unité de législation, car elle eût été tyrannique, si elle eût posé une règle générale quant aux ouvrages et à la distance, car la diversité des modes de construction, la rareté ou l'absence de tels matériaux dont il aurait fallu prescrire l'emploi, lui ont semblé des obstacles insurmontables, et elle a mieux aimé s'en référer aux usages et règlements particuliers.

La coutume de Paris offrait à cet égard, dans ses art. 188 à 192, des dispositions détaillées dont les tribunaux devraient faire la base de leurs décisions. En l'absence de toute règle, c'est le principe général de l'art. 1382 qui doit leur servir de guide.

SECTION III.

Des vues et jours sur la propriété du voisin.

La loi, dans cette section, divise les murs en trois classes : 1° en murs mitoyens; 2° en murs non mitoyens mais placés à la ligne séparative ; 3° en murs non mitoyens et non placés à la ligne séparative.

1° Pour ceux de la première classe, l'art. 675 interdit au propriétaire d'y pratiquer, sans le consentement de l'autre, aucune fenêtre ou ouverture même à verre dormant, c'est-à-dire attaché et scellé en plâtre, dans un châssis qu'on ne peut ouvrir. Le motif de cette règle qui est prise tout entière de l'auteur du grand coutumier de France, au titre des vues, égouts et maisons, est puisé dans la destination même des murs mitoyens, qui, dit fort bien Pothier, « étant faits pour s'enclore et pour qu'on y appuie ce qu'on doit y appuyer, chacun des voisins ne peut, sans le consentement de l'autre voisin, s'en servir pour d'autres usages (1). »

Mais de ce qu'aucune ouverture ne peut être pratiquée sur le mur mitoyen, il ne s'en suit pas que l'acquéreur de la mitoyenneté d'un mur soit autorisé à faire boucher les jours qui y auraient été pratiqués avant son acquisition. Nous n'hésitons pas à dire que, si ce sont des fenêtres qui les donnent, ces jours, depuis plus de trente ans, comme c'est là une servitude continue et apparente, le droit acquis devra être respecté. Il en serait autrement s'il ne s'agissait que de simples jours de souffrance, de tolérance ou à verre dormant, parce qu'on ne peut prescrire ces sortes de servitudes.

2° Le propriétaire qui aura un mur de la seconde classe pourra y pratiquer des vues de la longueur qu'il

(1) Traité du Contrat de société, 1er appendice, 218.

voudra; mais la loi, art. 676, reproduisant l'art. 200, de la coutume de Paris, exige : 1° que le seuil de la fenêtre soit à vingt-six décimètres du sol de l'appartement qu'il veut éclairer, si c'est au rez-de-chaussée ; et à dix-neuf décimètres au dessus du plancher pour les étages supérieurs (art. 677) ; 2° que ce soit à verre dormant ; 3° que cette ouverture soit garnie d'un treillis de fer, dont les mailles n'auront qu'un décimètre d'ouverture au plus (art. 676).

Ces conditions réalisées annoncent toujours que le propriétaire n'use de ces jours que par la tolérance de la loi ; d'où la conséquence que le voisin pourra toujours bâtir, car l'autre n'a jamais rien acquis sur lui, attendu qu'il s'est renfermé dans les limites de la loi.

3° On sera débarrassé de ces entraves posées par les articles que nous venons d'indiquer, quand on sera dans la troisième situation, c'est-à-dire que le parement extérieur du mur ou de toute bâtisse se projetant en se détachant du mur, soit à dix-neuf décimètres de distance pour les *vues droites*, et à six décimètres à partir du jambage de la fenêtre pour les *vues obliques*. Le législateur, dans les trois art. 678 à 680 relatifs à ce cas, ne fait aucune distinction entre l'héritage clos et celui qui ne l'est pas.

Si la distance prescrite par la loi n'est pas observée, comme c'est là une servitude continue et apparente, on pourra acquérir par prescription la distance voulue, ou ce qu'il faut pour la faire, non pas quant au terrain, mais quant au droit de vue ; mais alors, si la prescription est une cause d'acquisition, elle doit avoir autant d'effet qu'un titre. Et quel serait mon droit si j'avais acheté le droit de vue? Évidemment d'empêcher mon voisin, le constituant, de bâtir trop près, de manière à diminuer notablement le volume de la lumière. Ce sera donc une question d'appréciation pour déterminer cette distance.

Section IV.

De l'égout des toits.

Tout propriétaire, dit l'art. 681, doit établir ses toits de manière que les eaux pluviales s'écoulent sur son terrain ou sur la voie publique. C'est là la conséquence de ce principe déjà exposé, que pour user de son droit on ne doit pas nuire à autrui. Ici les eaux sont rassemblées artificiellement, l'art. 640 ne saurait s'appliquer. Dans les villes, on devra se conformer aux règlements de police.

Section V.

Le propriétaire dont le fonds est enclavé a le droit, dit la loi, de se faire céder un passage pour arriver à la voie publique. L'équité et la faveur de l'agriculture ont fait introduire cette sorte de droit d'expropriation qui, au fond, n'est qu'une conséquence nécessaire de la propriété. Le propriétaire dudit fonds enclavé n'a pas besoin d'acquérir ce droit par prescription, puisque c'est la loi qui le lui donne, qui le lui garantit; il n'y a même

(1) V. Loysel, 298, p. 295.

pas de prescription pour ces servitudes d'enclave, car il n'y a rien à acquérir : la loi les donne, vu la nécessité; or, la nécessité cessant, le passage peut être refusé.

La loi ne le donne, toutefois, que sauf indemnité. Mais si on est demeuré trente ans sans la réclamer, le droit de le faire sera prescrit. Ce délai court du moment où elle a été fixée, soit à l'amiable, soit judiciairement, encore qu'elle n'ait pas été liquidée. Que si elle n'a pas été fixée, et que néanmoins on ait usé du passage pendant trente ans, on acquiert le passage par usucapion, dans le sens du moins de ceux qui la croient nécessaire, laquelle court à partir du premier acte de passage, sans qu'il soit nécessaire de s'occuper de la question de prescription de l'indemnité, qui ne peut s'élever tant que l'indemnité elle-même n'a pas été fixée, car jusqu'à ce moment il n'existe ni dette ni créance dont on puisse prescrire la libération.

Pour désigner l'endroit du passage, on doit tâcher de concilier deux intérêts, celui du propriétaire du fonds enclavé et celui du voisin; mais l'idée principale, c'est le trajet le plus court. C'est le dommage éprouvé par le propriétaire du fonds sur lequel le passage aura lieu qui sert de base à l'indemnité, et non l'utilité que l'autre en retire, car elle est égale à toute celle que lui procure le fonds. (V. art. 682 à 685.)

Nous ferons observer, avant de quitter cette matière, un excès de pouvoir que commet souvent l'administration relativement à ces chemins que nous appellerons de desserte. Le conseil municipal les déclare chemins communaux, vicinaux, et l'administration les classe comme tels ; mais il y a là une question de propriété, pour savoir s'ils appartiennent à la commune, que l'administration ne peut décider.

Plusieurs coutumes admettaient anciennement un autre droit de passage nécessaire, désigné sous le nom d'*échelage* ou *tour d'échelle*, en vertu duquel un propriétaire avait le droit d'exiger sur le fonds voisin la prestation d'un espace propre à placer une échelle, pour la réparation de ses toits et clôtures. Notre Code ne reconnaît plus aucune servitude de ce genre, et elle ne pourrait aujourd'hui résulter que de la libre convention des parties.

CHAPITRE III.

DES SERVITUDES ÉTABLIES PAR LE FAIT DE L'HOMME.

Nous arrivons ici aux véritables servitudes. Les modifications de la propriété que nous avons examinées précédemment n'ont, en effet, rien de commun, en principe, avec celles dont nous avons désormais à nous occuper. Les premières, nous l'avons dit, forment l'état normal de la propriété ; celles-ci, au contraire, constituent une véritable exception, dérogation au droit commun. C'est le fait de l'homme, c'est sa volonté particulière, qui, changeant la situation légale des propriétés, les fait telles qu'il veut qu'elles soient, et tel veut d'une manière, tel autre d'une autre.

Les faits d'où résultera pour un héritage un droit réel et spécial sur un héritage voisin, qui créeront par conséquent l'asservissement de celui-ci à celui-là, sont tous les faits qui, d'après nos lois, seraient capables de transférer des droits réels, faits juridiques, translatifs de propriété. L'on pourrait même dire, au vu de l'art. 1138 C. civ., que les servitudes peuvent s'acquérir *solo consensu,* quand telle a été la volonté des parties capables ; car établir une servitude, c'est aliéner une partie notable du fonds. A Paris, ce résultat est sensible. Il faut donc la même capacité que pour aliéner la propriété.

Mais quelles sont les conditions intrinsèques de ces servitudes ? En rapprochant et combinant les art. 637 qui en donne une notion générale, complétée par l'art. 686, qui pose la règle de leur existence en la faisant suivre de trois limitations, nous dirons : Pour qu'une servitude existe, il faut :

1° Qu'elle soit subordonnée pour son exercice, comme droit, à la propriété du fonds dominant, et à celle du fonds servant pour la charge, c'est-à-dire qu'elle ne peut exister comme droit principal, mais seulement comme droit accessoire du droit de propriété du fonds dominant, duquel on ne peut la détacher une fois qu'elle est constituée; car elle est une qualité du fonds active ou passive, selon le point de vue auquel on se place, du droit ou de la charge ; elle est au fonds ce que la physionomie est à l'homme, pour ainsi dire, ce que l'allure est au cheval, ce que la fertilité est au champ. Elle ne peut être dans le commerce, *per se;* elle n'a que son acte de naissance et de décès. Elle est donc droit accessoire, et comme ce droit appartient à un fonds, et qu'il est dû par un fonds démembré quant à cette partie de ses avantages, elle est donc un droit réel et non une créance, car, étant qualité du fonds, elle devient perpétuelle comme le fonds lui-même, et le débiteur ne pourra se dégager de la servitude à son gré, comme il pourrait sortir des liens d'une obligation ordinaire. La conséquence de la nature de ce droit est qu'on peut s'en prévaloir contre tous.

2° Qu'elle soit imposée à un fonds, et non à la personne; pour un fonds, et non en faveur de la personne, c'est-à-dire que la personne ne soit pas l'objet du rapport au point de vue passif, et que la personne ne soit pas le résultat du rapport au point de vue actif. C'est le fonds qui doit être le *sujet*, l'être passif qui souffre la servitude. La personne ne peut être obligée qu'à *souffrir* ou à ne pas faire, jamais à faire, sauf la dérogation à ce principe reproduite par l'art. 698 du droit romain, et généralisée. Mais l'obligation que cet article permet d'imposer au possesseur de l'héritage grevé n'est qu'accessoire à la servitude, et ne peut, par conséquent, avoir pour objet que l'entretien des lieux dans leur rapport avec l'exercice de la servitude due; n'étant qu'occasionnelle à la propriété, le débiteur peut toujours s'y soustraire par le délaissement du fonds grevé. La seconde partie de la règle que nous expliquons défend d'attacher à la propriété d'un fonds des prérogatives qui profiteraient au maître sans augmenter l'utilité ou l'agrément de ce fonds. C'est ce caractère qui distingue les servitudes prédiales des servitudes personnelles, usufruit, usage, habitation. Sous le point de vue passif, elle défend aussi d'imposer des services à la personne en qualité de propriétaire du fonds, comme cela avait lieu dans l'ancien droit sous le nom de *corvées*.

Il faut avouer, du reste, que l'application de ces principes, à telle ou telle espèce, sera souvent fort délicate, à cause de la difficulté qu'il y aura de trouver la ligne de démarcation entre la concession de véritable servitude prédiale, et certaines concessions qui, à quelques égards, semblent participer des servitudes prédiales, et sous d'autres, semblent n'être qu'une sorte de droit d'usage *sui generis*. Dans le doute, la présomption du droit commun établie par la loi du 6 octobre 1791, art. 1er, devra l'emporter. Partant, s'il y a doute sur l'étendue du droit, il faudra prononcer dans le sens restrictif, et s'il y a doute sur le droit même, en faveur de la libération.

3° Qu'elle soit constituée au profit d'un fonds appartenant à un propriétaire autre que le constituant.

4° Enfin, qu'elle soit réellement une qualité par l'utilité qu'elle procurera, et qu'elle puisse être exercée, vu la position du fonds dominant et du fonds servant.

Connaissant les conditions d'existence des servitudes, ce serait ici le lieu de nous occuper en détail de chaque espèce ; mais ce serait une tâche bien difficile à remplir. Il nous serait impossible de prévoir toutes celles qu'il plairait aux propriétaires d'établir sur leurs héritages ou en faveur de leurs héritages, car la loi leur accorde, par l'art. 686, la plus grande latitude à cet égard. Nous n'essayerons pas même de présenter les classifications générales dans lesquelles elles pourraient rentrer. Le Code en présente deux, dont une seule a une importance réelle au point de vue pratique, en ce qui concerne les conditions de la prescription : c'est la division en *continues ou discontinues*, *apparentes ou non apparentes*. La division en *urbaines* et *rurales* est reproduite, sans but utile, du droit romain qui en admettait une troisième en *positives* et *négatives*, assez commode pour l'exposition doctrinale.

Ces principes posés, il ne nous reste plus qu'à développer les règles générales sur la manière d'établir les servitudes, qu'à déterminer les droits du propriétaire du fonds auquel elles sont dues, et enfin indiquer leurs divers modes d'extinction. Ce sera l'objet des trois sections suivantes.

Section Ire.

Comment s'établissent les servitudes.

Nous croyons que pour sainement interpréter la volonté du législateur sur l'établissement des servitudes, il faut se placer au point de vue pratique et ne tenir aucun compte ni du droit romain, ni du droit coutumier, en général ; mettre de côté toute considération purement scholastique, car les rédacteurs du Code, qui étaient des hommes de pratique, n'ont voulu poser ici que des règles pratiques, satisfaisant les vrais besoins du voisinage. Placés à ce point de vue, et traduisant les art. 690, 691 et 692, nous poserons les propositions que voici : 1° *Toute servitude, quelle que soit sa qualité, est susceptible d'être établie par titre exprès émané du propriétaire incommutable et capable d'aliéner ;*

2° *Aucune servitude ne peut s'établir par prescription, excepté celles qui sont continues et apparentes, par une possession de trente ans ;*

3° *Aucune servitude ne peut résulter d'un titre tacite de la destination du père de famille, excepté lorsqu'il est prouvé que la disposition des lieux a été opérée par ce propriétaire unique, qu'elle donne à la servitude le caractère de continue et apparente, et que le titre dislocatif est muet.*

Quelques mots nous suffiront pour justifier ces trois propositions.

Nous savons déjà ce qu'on doit entendre par titre et par propriétaire capable. Nous ajoutons qu'il doit être incommutable, parce que celui qui n'a qu'une propriété résoluble, ne peut qu'améliorer le fonds par l'acquisition d'une servitude active. Il se fera indemniser par le véritable propriétaire s'il y a lieu, jusqu'à concurrence de la plus value.

L'acte peut être à titre onéreux ou titre gratuit, et il n'est pas nécessaire qu'il contienne la description de la servitude en indiquant l'endroit, la hauteur, la grandeur, la mesure, l'espèce (1). Il suffit qu'il contienne une indication qui permette de la déterminer conformément à l'art. 1129. S'il survenait quelques difficultés sur l'exercice, les tribunaux les lèveraient, mais nous ne croyons pas qu'ils dussent appliquer au constituant les dispositions de l'art. 1602, 2°.

Le Code, avons-nous dit, n'admet pas en principe la

(1) Art. 215, coutume de Paris.

prescription comme cause acquisitive des servitudes; ce n'est que par exception qu'il tolère ce mode d'acquérir, lorsque la servitude a des caractères tels que le débiteur ne peut se plaindre, exposer ses doléances, se poser en victime de son ignorance ou plutôt de sa bienveillance, de sa tolérance pour cause de bons offices de voisin ; lorsqu'enfin elle est continue et apparente. C'est que l'acquisition par prescription étant un dépouillement grave, que nous qualifierions d'immoral s'il n'était nécessaire, suppose des conditions qui le colorent, qui le rendent moins repoussant pour la conscience et pour la raison. On part de cette idée, qu'il faut que la possession, qui lui sert de base, puisse former l'opinion du public sur la légitimité de la propriété de la servitude acquise. Ces conditions, qu'énumère l'art. 2229 Code civil, sont telles que les servitudes continues et apparentes, seules, peuvent les présenter. Le Code n'a même admis cette exception qu'à regret; aussi ne la pose-t-il pas d'après les règles générales indiquées aux derniers articles du Code pour la prescription des immeubles : ce n'est pas par une possession tantôt de trente années, tantôt de dix ou vingt années seulement ; c'est *uniquement par la possession de trente ans*. En effet, l'art. 690 ne dit pas qu'elles s'établiront par titre ou par *prescription*, mais bien par titre *ou par la possession de trente ans* ; en sorte qu'on voit s'appliquer ici la disposition de l'art. 2264 qui déclare que : « Les règles de la prescription sur d'autres objets que ceux mentionnés dans le dernier titre du Code, sont expliquées dans les titres qui leurs sont propres. » Ainsi, celui qui par titre se serait fait constituer une servitude par une personne qu'il croyait être, mais qui n'était pas propriétaire du fonds sur lequel on l'établirait, et qui l'aurait ensuite exercée pendant dix ou vingt années, n'aurait pas acquis cette servitude, malgré son titre et sa bonne foi. C'est parce que, nous le répétons, la possession d'une servitude n'offre pas les mêmes caractères de continuité, de publicité que celle d'un immeuble ou d'un usufruit, que le Code a été si sévère dans les conditions de sa concession. Le système contraire est à rejeter.

Nous rejetons aussi la doctrine de quelques auteurs qui prétendent qu'une servitude *discontinue* de sa nature, mais que des signes extérieurs révèleraient, pourrait être acquise par une possession de trente ans, parce que la permanence de ces signes extérieurs suppléerait au défaut de continuité. Les rédacteurs du Code, nous le répétons, étaient des hommes pratiques, et savaient très bien que cette servitude de passage, la seule qui soit apparente sans être continue, est souvent manifestée par des signes extérieurs, tels que le pavage, par exemple, et pourtant ils lui ont donné le caractère de discontinue, art. 688, al. 2, et ont déclaré, dans l'art. 691, qu'elle ne peut être acquise par prescription. Que si, par la possession prolongée pendant trente ans, on a eu toute l'utilité du sol, on aura acquis le droit de passer *jure dominii, sed non jure servitutis*.

La seconde exception à la règle générale que nous avons posée relativement à l'établissement des servitudes, résulte de la destination du père de famille, qui existe lorsqu'un propriétaire unique établit entre deux de ses héritages une relation telle qu'elle constituerait une servitude, si ces deux fonds appartenaient à deux propriétaires différents. Cette destination, dit l'art. 692, vaut titre, c'est-à-dire qu'elle vaut preuve de l'établissement de la servitude, qu'elle tient lieu de titre; car s'il y avait un titre qui s'expliquât sur la réserve ou la concession de la servitude, cet acte en serait le véritable titre constitutif, et il serait inutile de prouver la destination du père de famille, qui ne vaut, du reste, que lorsque la servitude est continue et apparente.

Mais si on n'invoque la destination du père de famille, si on n'a besoin, même, de l'invoquer que lorsqu'il n'y a pas de titre, alors seulement qu'on se fonde sur l'état des lieux, toutes les fois que la loi parlera de titre, qu'il sera nécessaire, à un degré quelconque, pour faire reconnaître la servitude, ce ne sera plus un cas de destination du père de famille; partant il n'y aura pas lieu d'exiger les conditions de continuité et de permanence que le Code a posées à l'admission de ce mode exceptionnel de servitude. Cela nous paraît évident, d'une évidence même qui frise la niaiserie.

Cette idée si simple ne nous est pourtant venue qu'à la suite de longues réflexions sur la portée relative des trois art. 692, 693 et 694. C'est pour ne l'avoir pas eue, ou plutôt pour l'avoir négligée, que les auteurs ont imaginé divers systèmes pour expliquer ces trois articles, pour mettre en harmonie l'art. 692 et l'art. 694. Nous ne les combattrons pas, ces systèmes, pour une très bonne raison, c'est que nous ne les avons pas compris, nous l'avouons franchement; notre esprit n'a pas *senti* la vérité de leur fondement; il est toujours resté en l'air après la lecture. Ce que nous avons compris, c'est ceci : que les deux art. 692 et 693 sont relatifs à la destination du père de famille, c'est-à-dire au cas où le prétendant droit à la servitude invoque seulement l'état des lieux comme fondement de sa prétention, parce qu'il n'a aucun titre duquel résulte soit *directement, positivement,* soit par *induction*, occasionnellement, si nous pouvons nous exprimer ainsi, la preuve que le droit qu'il réclame lui a été concédé expressément ou tacitement ; alors il est obligé de prouver, et il peut le faire par témoins, que la relation établie par le propriétaire unique des deux héritages constitue une servitude continue et apparente.

Mais lorsqu'il ne lui suffira plus d'invoquer la situation seule des lieux, la relation des deux fonds, qu'il lui faudra *montrer un titre,* et il faudra bien qu'il le fasse dans le cas prévu par l'art. 694, puisqu'il exige *que le contrat ne contienne aucune convention relative à la servitude,* et que, pour le savoir, dire oui ou non, il faudra les voir, ce contrat, ce titre, il ne sera pas tenu de prouver que la relation qu'il invoque présente les caractères de continuité, de publicité, d'apparence que doit présenter la relation établie par le père de famille. Quand il se placera, ce prétendant droit à la servitude, sous l'art. 694, on lui demandera quelque chose de plus que lorsqu'il se placera sous l'art. 692, le titre; mais aussi on lui demandera quelque chose de moins : on se contentera du caractère de l'apparence dans la relation qu'il invoque, on lui fera grâce du caractère de continuité. Mais si on exige la présentation du titre, on n'entend pas évidemment faire droit à sa demande en vertu de la destination du père de famille, car l'idée de titre exclut l'idée de destination de père de famille sous le rapport de constitution de servitudes.

Quelle est donc la situation prévue par l'art. 694? Le tribun Albisson l'exposait au tribunat très clairement : « Autre question, dit-il, après avoir indiqué les condi- « tions caractéristiques de la destination du père de « famille, sur laquelle il était important de fixer la lé- « gislation. Le propriétaire de deux héritages dont l'un, « avant leur rénion dans sa main, devait un service à « l'autre, vient à disposer de l'un ou de l'autre, sans « qu'il soit fait aucune mention dans l'acte d'aliénation : « la servitude active ou passive continue-t-elle d'exister? « On opposait que toute servitude étant éteinte (art. 705), « lorsque le fonds auquel elle est due et celui qui la « doit sont réunis dans la même main, il était indispen- « sable pour la conservation de la servitude, qu'elle « eût été réservée expressément dans l'acte. Mais on ne « prévoyait pas le cas où la chose parlant d'elle-même, « la réservation ne devenait plus nécessaire ; et c'est ce « cas que le projet prévoit très sagement. » (Fenet, t. XI, p. 327.)

On le voit, le Code, dans l'art. 694, a prévu un autre cas que dans l'art. 692, cas qui pouvait faire difficulté, et il l'a placé à côté de l'autre, parce que ces deux cas sont réunis par une liaison d'idées, car autrement sa place eût été parmi les règles relatives à l'extinction des servitudes, dans l'art. 705.

Section II.

Des droits du propriétaire du fonds dominant.

Lorsque la servitude résulte d'un titre, c'est dans cet acte qu'il faut chercher les règles du mode d'exercice de cette servitude. Mais si l'acte est muet sur ce point, ou bien si la servitude est née de la prescription ou de la destination du père de famille, alors il y a lieu de se reporter aux dispositions du Code, dispositions fondées sur l'équité et sur l'intention présumée des parties.

D'abord l'établissement d'une servitude implique naturellement, comme conséquence, la concession de tout ce qui est nécessaire pour en user. Ce n'est là que l'application de cette maxime bien connue : *Qui veut la fin, veut les moyens*. Ainsi, la servitude de puiser de l'eau à la fontaine d'autrui emporte nécessairement le droit de passage sur le fonds du voisin à qui appartient cette fontaine (art. 696).

Par suite du même principe, celui auquel est due une servitude a droit de faire tous les ouvrages nécessaires pour en user (art. 697). Mais ces ouvrages sont à ses frais et non à ceux du propriétaire du *fonds assujetti*, à moins que le titre d'établissement de la servitude ne dise le contraire. Mais comme cette charge n'existe que *propter rem*, il est loisible de s'en affranchir en abandonnant le fonds assujetti, c'est-à-dire la partie du fonds affectée à l'exercice de la servitude ; car les autres parties du fonds ne sont affectées que conditionnellement, et pour le cas où cet exercice ne serait plus possible dans l'endroit qui a été déterminé (art. 699).

Le principe fondamental en matière de servitudes, celui qui ressort de la définition même de la loi, c'est, nous le savons, qu'elles sont imposées sur un héritage en faveur d'un autre héritage. L'usage ou l'utilité de l'héritage dominant doit donc former la règle du mode d'exercice de la servitude ; et peu importe dès lors le nombre des copropriétaires de cet héritage. Peu importe, par conséquent aussi, que cet héritage, après avoir appartenu à un seul, soit ensuite divisé entre plusieurs, car la servitude a été établie pour l'utilité de l'héritage primitif tout entier et de toutes ses parties. Si donc il vient plus tard à être partagé, la servitude restera due à chaque portion, sans néanmoins que la condition du fonds assujetti soit aggravée, car en cette matière, il faut ne pas confondre l'indivisibilité du droit de servitude, et l'indivisibilité du fait par lequel on l'exerce, car ce fait peut être parfaitement divisible (art. 700).

De son côté, le propriétaire du fonds débiteur de la servitude ne peut rien faire qui tende à en diminuer l'usage, ou à le rendre plus incommode. Ainsi, il ne peut changer l'état des lieux, ni transporter l'exercice de la servitude dans un endroit différent de celui où elle a été primitivement assignée. Cependant ce respect scrupuleux du droit de propriétaire dominant, ne doit pas être poussé jusqu'à une exagération inutile. Il doit avoir pour règle l'intérêt réel de ce propriétaire. Si donc l'assignation primitive donnée à la servitude était devenue plus onéreuse au propriétaire du fonds assujetti, ou si elle l'empêchait d'y faire des réparations avantageuses, il pourrait offrir au propriétaire de l'autre fonds un endroit aussi commode pour l'exercice de ses droits, et celui-ci ne pourrait le refuser (art. 701).

Dans tous ces cas et autres semblables, s'il s'élève des difficultés, les tribunaux qu'on saisira au moyen des actions confessoire ou négatoire, ou en dénonciation de nouvel œuvre, seront appelés à les résoudre. A cet effet, quand la servitude sera acquise par titre, ils devront appliquer toutes les règles d'interprétation qui conviennent à la nature de l'acte. Dans le silence des parties et en l'absence des moyens propres à connaître leur intention, ils devront recourir aux principes généraux écrits dans le Code sous la dictée de l'équité; concilier toujours l'intérêt de l'héritage auquel la servitude est due, avec la commodité du fonds assujetti; se décider en faveur de ce dernier, en cas de doute.

Section III.

Comment s'éteignent les servitudes.

Les servitudes étant une exception au droit commun, leur extinction doit être plus facilement admise que leur établissement. Ce principe, ce nous semble, peut servir à résoudre certaines questions controversées que font naître les dispositions de quelques articles parmi ceux qui nous restent à développer.

6

Le Code énonce trois modes spéciaux d'extinction des servitudes. Nous ne nous occuperons que de ceux-là, car ceux résultant de la remise expresse, de la résolution du droit du constituant *ex antiquâ causâ ;* de l'autorité des tribunaux, pour abus dans l'exercice du droit, de la part du propriétaire du fonds dominant ; de la volonté du législateur quand l'utilité générale lui fait juger cette abolition nécessaire ; de l'avénement de la condition ou du terme, ne sont pas compris dans l'étendue de notre Thèse.

§ I. De l'extinction par le changement des lieux.

Les servitudes *cessent*, dit l'art. 703, lorsque les choses se trouvent en tel état qu'on ne peut plus en user. Tel est le cas où, par suite d'un événement quelconque, l'une des deux maisons, ou toutes les deux, viennent à périr. Tel est encore celui où la source qui était grevée d'un droit de puisage, se trouve entièrement tarie. La cessation de la servitude de vue, par exemple, est forcée, puisque son usage est devenu impossible. Mais il faut bien le remarquer, il n'y a pas encore là extinction de la servitude ; c'en est seulement, comme le dit l'article, une *cessation* dont les effets sont subordonnés à la permanence de la cause qui l'a produite. La servitude est en léthargie. Elle ne s'exerce pas, mais elle n'est pas éteinte quant au droit. Toutefois, ce défaut d'exercice pourra amener l'extinction s'il se prolonge pendant trente ans. Alors la servitude sera éteinte par le non-usage. On voit donc que la servitude n'est pas éteinte *ipso facto*, par le changement des lieux, que ce mode n'opère pas par lui-même.

Ainsi entendue, la proposition de l'art. 703 est une naïveté. Elle ne peut pourtant pas avoir d'autre sens; l'art. 704 le prouve. Le principe qui résulte de ces deux articles ne souffrira pas de difficulté quand le fonds dominant n'aura pas été rétabli dans son ancien état; mais on en conteste l'application au cas où c'est le fonds servant qui n'a pas été rétabli, et l'on soutient que, dans cette hypothèse, comme il ne dépend pas du propriétaire du fonds dominant de faire cesser l'obstacle qui s'oppose à l'exercice de la servitude, celle-ci revit à quelque époque que les choses soient remises dans leur état primitif. Nous croyons que cette distinction est contraire à la loi, car outre qu'elle ne distingue pas, si l'art. 704 n'avait d'application que dans la première hypothèse, il serait parfaitement inutile; on opposerait alors le non-usage au propriétaire du fonds dominant; ce serait sa faute. Pour lui donner un sens il faut l'appliquer aux deux hypothèses. Afin d'éviter la perte de son droit de servitude, le propriétaire du fonds dominant aura la ressource de requérir du propriétaire du fonds servant une reconnaissance volontaire de la servitude, ou de le faire assigner en reconnaissance de son droit. S'il ne le fait pas, il sera négligent, et c'est cette négligence qui fait *présumer* à la loi qu'il a voulu laisser éteindre la servitude, qu'il y a renoncé. Cette dernière considération nous fait rejeter les deux éléments d'une décision contraire à la nôtre présentée (1) par un auteur que nous ne contredisons qu'avec le respect dû à son talent : La *présomption* de l'art. 704 ne doit pas s'appliquer, dit-il, quand le maître du fonds dominant peut invoquer la maxime *contra non valentem agere non currit præscriptio.* Il invoque aussi la latitude des termes de l'art. 665, qui exige pour que la servitude se continue, non pas que la reconstruction se *fasse avant trente ans*, mais d'une manière plus large et qui laisse plus de latitude au droit du fonds dominant, *avant que la prescription soit acquise*. Cette considération ne nous paraît pas fondée. Selon nous, l'art. 665 a précisément cela de remarquable, qu'il dispose que, même en l'absence de la maison ou du mur, cas auquel on ne pouvait pas user, la prescription court au profit du propriétaire voisin. S'il emploie les termes, dont on argumente, *avant que la prescription soit acquise*, au lieu de préciser sa portée par ceux-ci : *avant trente ans*, c'est que cette précision n'était pas son objet ; elle devait être celui des art. 706 et 707 qui disent, eux, d'une manière positive que, par le non-exercice *pendant trente ans*, la servitude sera éteinte.

La loi romaine (2) décidait, il est vrai, pour le cas qui nous occupe, que la servitude renaîtrait si les choses étaient rétablies dans leur ancien état, même après le délai voulu par la prescription ; mais elle ne doit pas être prise en considération. D'abord, parce que le Code

(1) Marcadé, t. II, n° II, p. 704.

(2) V. Digest, l. 8, t. III, 35, t. VI, 14, 18, § 2.

l'a peu suivie dans ce titre, ensuite parce qu'elle ne peut être invoquée qu'en cas de doute, à titre de supplément d'éléments de décision, et qu'ici toute question douteuse doit recevoir une interprétation restrictive.

§ II. De l'extinction par consolidation.

En second lieu, toute servitude est éteinte, d'après l'art. 705, lorsque le fonds qui la doit et celui à qui elle est due sont réunis dans la même main. C'est cette réunion des deux qualités de débiteur et de créancier qu'on appelle *confusion*, quand il s'agit d'obligations, et *consolidation* quand il s'agit de droits réels, partant de servitudes. L'extinction doit résulter de cette réunion, car il est de l'essence des servitudes qu'elles forment deux propriétés distinctes (art. 637). Si les deux fonds appartiennent au même propriétaire, celui-ci fait servir chacun d'eux à tel usage que bon lui semble, en vertu de son droit de propriété, et non à titre de servitude : *Nemini res sua servit.*

Mais pour que l'extinction résultant de la consolidation soit complète et définitive, il faut que la réunion des deux fonds résulte d'un droit irrévocable; car s'il en était autrement, si l'acquisition, cause de cette réunion, contenait en elle-même un germe de résolution, de rescision ou de nullité, l'extinction ne serait que momentanée, la servitude renaîtrait au moment de la nouvelle séparation des héritages. Tel serait le cas d'un délaissement par hypothèque, de l'exercice d'un réméré, de rapport, de résolution de donation, de l'accomplissement d'une condition résolutoire, de l'annulation du contrat pour cause d'incapacité d'une des parties, ou pour vice d'erreur, de dol, de violence, etc., etc. Dans toutes ces hypothèses, les choses reprendraient la même situation qu'elles avaient avant la réunion des deux fonds, et la servitude revivrait pleine et entière. Mais, pour cela, il faut, nous le répétons, que la nouvelle séparation procède *ex antiqua causa et necessaria, sed non ex nova.*

Il est cependant un cas tout spécial où la servitude, quoique éteinte par suite de la réunion définitive des deux fonds, renaît, s'ils viennent, plus tard, à être séparés. C'est lorsqu'il s'agit d'une servitude ayant un signe apparent de son existence au moment de ladite réunion, et que lors de la translation de la propriété, il n'a été rien dit à son sujet (art. 694).

§ III. De l'extinction par le non-usage.

Les servitudes s'éteignent en troisième lieu par le non-usage pendant trente ans (art. 706).

Ce mode, que notre droit coutumier admettait entre âgés et non privilégiés par trente ans (1), le droit romain l'admettait aussi quand il s'agissait d'une *servitude urbaine*, et par le non-usage joint à un acte contraire du propriétaire du fonds servant, quand il s'agissait d'une servitude rurale. Le Code devait donc l'admettre. Ce qu'il a rejeté, c'est la distinction que faisait le droit

(1) V. Argou. Inst. au Droit français, cout. de Paris, art. 186. Loysel. Instit. cout., art. 296.

romain entre les servitudes urbaines et rurales qu'il a remplacées par une autre qui domine toute cette matière, en servitudes *discontinues* et servitudes *continues*. En fixant le délai du non-usage, le législateur a dit qu'il doit être de trente ans, et n'a pas indiqué le délai ordinaire de la prescription, d'où nous concluons que ce délai est absolu et un pour toutes les servitudes.

C'est au moyen de la distinction des servitudes *continues* et *discontinues*, que l'art. 707 fixe le point de départ de ce non-usage. Il faut, en effet, que le moment en soit fixé de manière à éviter toute équivoque, et de telle sorte que chacun des propriétaires soit bien averti. Or, nous savons que parmi les servitudes, les unes ont besoin, pour leur exercice, du fait actuel de l'homme, ce sont les servitudes *discontinues ;* les autres, au contraires, ont un exercice inhérent à leur existence même, résultant de la situation des lieux, ce sont les servitudes *continues*. Pour les premières ; par conséquent, si le fait du maître du fonds dominant vient à cesser, il y a immédiatement non-usage, de sorte que le point de départ de la prescription devra être le dernier acte d'exercice de la servitude, et ce sera au propriétaire de la servitude à prouver : 1° que la servitude avait été établie ; 2° et que le dernier acte d'exercice date de moins de trente ans. Cette règle ne fléchira pas pour les actes à périodes éloignées ; partant si entre trois périodes devait se placer le laps de trente ans, le maître du fonds dominant devrait agir à chaque période ou demander une reconnaissance de sa servitude. Si la servitude ne devait s'exercer, par sa nature, qu'à des intervalles de plus de trente ans, ce serait là une obligation à terme contre laquelle la prescription ne courrait pas, mais il faudrait qu'elle fût réalisée à chaque terme. Pour les secondes, au contraire, l'exercice étant nécessaire et continuel par la seule existence de la servitude, l'absence du fait du propriétaire du fonds dominant ne peut, à elle seule, être considérée comme un non-usage. Il faut quelque chose de plus, un fait hostile à la servitude, incompatible avec son existence et qui en rende par conséquent l'usage impossible. De cet instant seulement pourra courir la prescription libératoire (art. 707). Ces travaux, le plus souvent, seront faits par le propriétaire du fonds servant. La loi romaine semblait même l'exiger, car elle disait que le maître du fonds servant devait *usucaper* l'affranchissement de son héritage, mais le Code n'a pas reproduit cette exigence : n'importe par qui les lieux auront été dénaturés, fût-ce même par cas fortuit, la servitude aura disparu ; à *fortiori*, si c'était par le maître du fonds dominant.

On peut rattacher à l'extinction des servitudes par le non-usage, la théorie de la prescription de la liberté des héritages; qu'il est important de ne pas confondre avec elle. La prescription de la liberté d'un héritage est celle qu'invoque un acquéreur de bonne foi, qui a acquis et possédé un fonds comme libre et franc de toutes charges réelles. Cet acquéreur, s'il eût acheté à *non domino*, eût incontestablement prescrit la propriété par dix ou vingt ans. Mais nous supposons que son auteur, qui était d'ailleurs le véritable propriétaire, a dissimulé dans le contrat l'existence d'une servitude dont le fonds était grevé, en présentant ce fonds comme exempt, ou de cette servitude nommément, ou de toute servitude. Il est évident que, quant à ce démembrement de la propriété dont il ne soupçonnait pas l'existence, c'est comme s'il avait acheté à *non domino*, car il est de bonne foi quant à ce. Pourquoi donc ne pourrait-il pas le reconquérir par le même laps de temps que la propriété même, c'est-à-dire par dix ou vingt ans, avec juste titre et de bonne foi. Nous répondrons, avec la jurisprudence des cours d'appel, qu'il ne le peut, parce que l'art. 706 a une règle uniforme; qu'il est conçu en termes restrictifs. Nous ajouterons une considération qui nous paraît puissante, quoique fondée sur une idée bien simple, c'est que le maître du fonds servant s'occupe fort peu des mutations du fonds dominant. Que lui importe qu'il passe successivement de mains en mains? L'opinion contraire tendrait, ce nous semble, à dénaturer le caractère de la servitude, qui est une relation de fonds à fonds et non une relation de fonds à personne. Son caractère, son étendue, sa durée, ne doivent pas changer avec le nombre des détenteurs successifs du fonds. L'opinion contraire peut, pourtant, se motiver fortement.

La prescription qui peut éteindre les servitudes peut à plus forte raison les modifier; mais le principe qui rend prescriptible le mode de la servitude, comme la servitude elle-même, n'est pas sans difficulté. D'abord il faut bien s'attacher à discerner les divers modes d'une même servitude d'avec une servitude différente. Celui qui au lieu d'un droit en exerce un autre, perd le premier par le non-usage, et n'acquiert celui dont il a joui qu'autant que ce dernier est lui-même susceptible d'être acquis par prescription. Il n'y a pas lieu, alors, de distinguer si le droit dont il a joui est plus ou moins avantageux que celui auquel on l'a substitué. Au contraire, celui qui a joui d'une manière autre que celle qui avait été expressément ou tacitement autorisée par le titre, peut bien perdre son droit au mode plus avantageux, suivant la disposition formelle de l'art. 708; mais comme il est toujours vrai de dire qu'il use jusqu'à un certain point de la servitude, il la conserve avec les modes de restrictions qu'il s'est lui-même imposés par le mode prolongé de sa jouissance. Que s'il a joui d'une manière plus avantageuse, il est évident qu'il conserve son droit tout entier, car le moins est contenu dans le plus. Mais, comme nous l'avons dit, il n'acquiert l'avantage du nouveau mode qu'autant qu'il s'agit d'une servitude continue et apparente.

Il n'est pas nécessaire que le maître du fonds dominant exerce la servitude par lui-même, lorsqu'un autre l'exerce en son nom; si ce fonds dominant appartient à plusieurs propriétaires par indivis, la jouissance d'un seul conserve la servitude pour tous, car les servitudes étant établies pour l'utilité des héritages eux-mêmes, plutôt qu'en considération de leurs propriétaires, il suffit, pour qu'il n'y ait pas non-usage, dans ce cas d'indivision, que l'un des copropriétaires jouisse, car il jouit au nom du fonds tout entier, puisqu'il a un droit dans chacune des parcelles de ce fonds. (Art. 709.)

Par suite du même principe, les exceptions personnelles qui, en matière de prescription, peuvent conserver les droits de l'un des copropriétaires, conservent ceux de tous. Si donc il en est un parmi eux contre lequel la prescription n'ait pu courir, comme un mineur, elle n'aura pas non plus couru contre les autres, car l'art. 710 consacre la règle: *in individuis minor relevat majorem*. Et cette règle, selon nous, aura son effet alors même que, par l'effet du partage, le fonds dominant tomberait au lot d'un majeur, l'art. 710 ne peut avoir que ce sens-là, car s'il tombe au lot d'un mineur, ce mineur n'a nullement besoin de la protection de l'art. 710; sa qualité de mineur a empêché la prescription de courir (1).

(1) La Cour de Cassation applique l'art. 883. C. civ.

PROPOSITIONS.

I.

Les ouvrages apparents dont parle l'art. 642, ne doivent pas nécessairement être faits sur le fonds supérieur.

II.

On ne peut se soustraire aux charges de la mitoyenneté que par l'abandon du fonds entier dans le cas où la clôture est forcée.

III.

La prescription de dix et de vingt ans n'est applicable ni à l'acquisition ni à la prescription des servitudes.

IV.

Les servitudes discontinues et non apparentes ne peuvent, même avec titre et bonne foi, s'acquérir par la prescription.

QUESTIONS.

I.

Comment concilier les art. 692 et 694?

II.

Quelles sont les limites de la compétence attribuée aux juges de paix par la loi du 25 juin 1838 en matière de bornage?

6062 —Imp. Maulde et Renou, rue Bailleul, 9-11.

www.ingramcontent.com/pod-product-compliance
Ingram Content Group UK Ltd.
Pitfield, Milton Keynes, MK11 3LW, UK
UKHW020114240726
13926UKWH00011B/1345

9 782014 457186